MOMENT OF AMERICAN CRISIS

美国危机

时代的真相与被放纵的自由

石述思 著

中国工人出版社

图书在版编目（CIP）数据

美国危机：时代的真相与被放纵的自由 / 石述思著.
—北京：中国工人出版社，2021.4
ISBN 978-7-5008-7636-6

Ⅰ.①美…　Ⅱ.①石…　Ⅲ.①社会问题—研究—
美国　Ⅳ.①D771.28

中国版本图书馆CIP数据核字（2021）第060293号

美国危机：时代的真相与被放纵的自由

出 版 人　王娇萍
责任编辑　左　鹏　孟　阳　王晨轩
责任印制　黄　丽
出版发行　中国工人出版社
地　　址　北京市东城区鼓楼外大街45号　邮编：100120
网　　址　http://www.wp-china.com
电　　话　（010）62005043（总编室）
　　　　　（010）62005039（印制管理中心）
发行热线　（010）62005996　82029051
经　　销　各地书店
印　　刷　三河市国英印务有限公司
开　　本　880毫米 × 1230毫米　1/32
印　　张　6.25
彩插印张　0.625
字　　数　120千字
版　　次　2021年8月第1版　2022年1月第2次印刷
定　　价　68.00元

如果自由流于放纵，那么专制的魔鬼便会乘虚而入。

——乔治 · 华盛顿

目 录

引言

观察

深度

引　言

现实的细节

没有人能真实、全面、客观地阐述那场浩劫的真相。

但绝非永远不能。

周围音量巨大、喋喋不休的争吵更像盲人摸象。或许，在疫情期间不看朋友圈更有助于你平安渡过这段艰难的时光——有人调侃说，一些人不被病毒干掉，也会被网上不实信息裹挟的焦虑吓傻。

欧洲旧大陆的疾病美洲新大陆似乎也难以摆脱，而且还加上了美利坚特有的、先天的种族矛盾的顽症。

在一场当代史上空前的瘟疫面前，面对突如其来的灾难，普通人最初的慌乱、毫无逻辑的发泄是可以理解的。正因为充斥着太多恐慌和抱怨，有些声音才弥足珍贵：在人人都拥有麦克风的自媒体年代，为所有无辜的死者悲伤，为所有倔强的逃生振奋，并为所有无私的帮助喝彩，这是人性的光芒，是主流，也是人类最终战胜疫情的理由。

也有缺乏常识的编造、充满偏见的诽谤乃至对别人的困难无动于衷甚至倍感“幸福”的恶念——仅仅因为对方的立场或利益与自己相左。这是人性的溃疡，也说明了人心之毒远甚于新冠肺炎。

疫情是超越国家、超越种族、超越意识形态的。病毒不会因为你的肤色和立场、贫富和地位、名气乃至颜值放过你，很多善良正直的“人终将被抹去，如同大海边沙地上的一张脸”——这是对当代社会基本进化逻辑和伦理的赤裸裸挑衅，病毒将全球70亿人赶上一艘撞上冰山的泰坦尼克号，在这场残酷的“幸存者游戏”（survivor game）中，比争吵更重要的是活下去，而比活下去更重要的是能否体面地下船，遇到更好的自己。

新冠病毒是所有人的敌人，它下了全球战书，在超过200个国家攻城略地，截至2021年2月底，已夺去超过250万人的性命。其实，战胜病毒的时间表就在每个人手中，在反击之前去认真思考一个问题：病毒将人们彻底分开，我们靠什么重新团聚？

当时，我在全球疫情的“震中”美国，从一个滞留洛杉矶将近3个月的中国人的视角，零距离地记录了身边疫情肆虐的点滴，一方面是对自己这段特殊岁月的留念，另一方面为我忠实的读者提供一点真相。我忠于自己的内心，在此基础上忠于你。

观　察

危机悄然而至

美国人周游世界和外国人移居美国的迅速增多，正在把我们变成另一座熔炉——这一次是病菌的熔炉，而这些病菌我们原先认为不过是在遥远的国度引起一些古怪疾病而未曾予以理会。

——贾雷德·戴蒙德

祥 和

2020 年 1 月 18 日，我乘坐国航，CA983 从北京赴洛杉矶探亲。

飞机上没有一个戴口罩的，也没有人谈论疫情，倒是身边有不少华人乘客在兴奋地谈论着他们的海外过节计划。周围有不少孩子，看样子是来美国游学的，希望他们后来能平安地回国。

在此之前的元旦，我还陪同家人去了广东。广州和顺德的美食给大家留下了无比美好的印象——广州白天鹅酒店玉堂春暖餐厅的伊比利亚黑叉烧、顺德猪肉婆饭店的烧鹅甚至不断成为我们在家中厮守的谈资。

2020 年 1 月 19 日，我陪儿子看了英文版的电影《冰雪奇缘 2》，没承想这是我这个每星期至少去一次电影院的超级影迷在 2020 年看的唯一一部电影。

说心里话，无论网上放着多少自称走心之作的影片，我还是希望去电影院躺在沙发椅上——那是一种生活方式，比整天举着手机、歪着脑袋爽太多，可惜“此情可待成追忆”了。

次日，我不到 9 岁的儿子在国际象棋棋院拿了年度总成绩的第三，我们开车去位于罗兰岗的一家叫姜虎东的韩国烤肉店吃饭，竟然需要排两个小时的队，真是人山人海，最终愤而离去。一个月后，该店关门歇业，美味的烤肉渐渐成为我和儿子尘封的记忆。

人就是这样：对于平常的日子总是不太珍惜，等一旦失去才追悔莫及。

那个时候，于我而言，多么希望 2020 年能够重来。

封　城

没想到。

第一个没想到是一个特大城市竟然果断地选择了“封城”。84 岁的钟南山再度临危受命—— 一张在高铁餐车上打盹儿的照片在网上疯传，寄托了太多普通国人对专业人士的尊敬和重托。最基本的人性才是中国社会追求的主要目标，公民才是最宝贵的财富。

封城的决策，代价尽管沉重但最终拯救了一个国家，并为世界争取到宝贵的76天。

第二个没想到是世界竟然浪费了这个机会。

人类一切的原罪都是无知，如果掺上盲目的激情，就是灾难。在后真相时代，关键不在于事实，而在于谁拥有事实解释权。忙着连任准备的特朗普以为简单地“封杀”掉中国就能挽救美利坚，却最终酿成美国本土“二战”后最惨痛的人道主义灾难。

洛杉矶时间2020年1月22日（洛杉矶比中国晚16个小时，3月份施行夏时制后晚15个小时），从电视新闻猛然看到封城的消息，全家都无比震惊与揪心，毕竟是一座超过1100万人口的特大城市，说封就封了，史无前例——只是当时谁也没有料到事情那么严重。

在长达将近两个月的时间里，美国洛杉矶乃至其他州的城市一切如常，纽约的亲友们还频繁地出没在曼哈顿的各个影剧院和社交场合，甚至向我发出邀请。至今想来直后怕，并为自己当初果断拒绝点赞。

号称世界之都的纽约最终在美国开启了地狱之门。截止到洛杉矶时间2020年4月9日，纽约逾16万市民确诊新冠病毒，死亡逾7000人，整个城市空荡萧瑟，部分街区如鬼片上演。而在大洋彼岸，已初步控制疫情的中国，已经掀起“复工复产”的热潮，宣告中国艰苦卓绝的抗疫迎来一个崭新拐点。

在2020年3月中旬之前，美国媒体报道大选的消息一直占有压倒性优势，多数华人对桑德斯（2020 年曾参与竞选美国总统）的忧虑远远超过新冠病毒。

天天在推特（Twitter）上自鸣得意、四处树敌和藐视病毒，但最终被疫情整惨的时任美国总统特朗普，当时正在为美国资本 11 年的牛市沾沾自喜，对美国经济充满信心。这种不自然的政治傲慢，最终让整个世界付出了极为惨痛的代价。很多政客宣传他们的不择手段，目的是完成所谓的最高道德。特朗普花很多的时间和精力攻击主流媒体，称之为“假新闻”。讽刺的是，当特朗普散播他的弥天大谎和缺乏基本常识的论调时，正是这些新闻媒体对基本事实真相的核查发挥了关键性的作用。他宛如一个病人，深受美国主流媒体诟病，个别主持人因为怼特朗普成了明星，同时深受中美广大人民群众关注。但遗憾的是，美国精英们没有真正找到一个医治“特朗普现象”的良方，拜登和特朗普两位耄耋老人的终极对决，谁赢真的重要吗？

口　罩

一些华人朋友有 2003 年抗击“非典”疫情的经验，在聊天时觉得可以动手为国内亲友做点什么，把焦点逐步集中到了口罩上。

部分嗅觉灵敏的朋友纷纷行动起来，洛杉矶华人聚集区的药房和亚马逊的口罩现货迅速告罄。

2020年1月26日，在华人的疯狂抢购下，洛杉矶的一些商店开始对口罩进行限购。我们当天奔波了好几个超市，如CVS、The Home Depot等，都没有买到，隐隐觉得中国国内疫情比想象的严重。

在中国疫情最严重的1月24日—2月29日，据全国海关的统计，共验放疫情防控物资24.6亿件，价值82.1亿元，其中防护用品共24亿件，主要包括口罩20.2亿只，防护服2538万件。

这里面有相当数量凝聚着华人华侨的拳拳爱国之心，鉴于当时国内防疫物资生产尚未跟上需求，这样的援助可谓雪中送炭。

当然，这可视为海外游子对祖国的分内之事，但也务请国人在留学生等海外同胞日后回家避难时保持理性，绝不可将极少数害群之马当成海外6000万华人华侨的主流，并以偏概全地刻毒攻击。

偏执的愤怒常常源于无知，等疫情彻底过去，还是希望这些基本没有出过国门的同胞有机会多走出去看看，真正了解这些漂泊在外、“疫情期间打全场”甚至“全场挨打”的华人华侨在祖国危急时刻的真实样貌。

从全球视野看，在一个大国崛起、倡导人类命运共同体的年代，爱国不是充斥着民粹思维、四处树敌的口号，而是包容不同、凝聚共识的行动。

小小口罩，漂洋过海，那是绿叶对根的思念。

无知难以被消除，除非人民能在免于恐惧的前提下拥有追求真相的自由。即使自信满满的特朗普视戴口罩为无比愚蠢的行为，但不是所有的美国人都相信他，有不少人，包括白人，后来随着疫情蔓延，还是希望戴口罩的。但问题是他们基本已经买不到了。

当然，千万别误会，华人是善良的，不可能故意买光口罩，逼得人家只好对病毒“群体免疫”。这里面有个时间差的问题：华人在美国抢购口罩往祖国运送时，美国疫情还没有暴发，并在时任总统特朗普的忽悠下自觉形势一片大好，等疫情严峻到特朗普都觉得口鼻处需要找个围巾遮一下时，市面上哪还有口罩可买？

一个运转良好的社会和经济体需要彼此间的信任和稳定，人成熟的标志是不再活在别人的世界里。这一法则同样适用于国家。当美国开始陷入疫情之中，无论企业还是个人，来自中国的口罩等抗疫物资几乎每天都运抵这里的口岸，并为两国饱受煎熬的人心架起理解、尊重和信任的桥梁。

内心信任阳光，阳光就会出现，世界的光明与黑暗，全在于内心的选择。疫情之下，活在大国博弈夹缝中的美国华人普遍希望两个国家都能尽快好起来，继续和平相处。

毕竟，“太平洋足够大，容得下中美两国发展”。

听不到哨声的总统

人们变坏的原因，绝不会是执政者行使权力或是被统治者习惯于服从，而是前者行使了被认为是非法的暴力，而后者服从了他们认为是侵夺和压迫的强权。

——托克维尔

复　活

2020年4月12日，复活节。

在异国他乡，我还活着。每天像囚徒一般足不出户。

此前一天，怀俄明州宣布进入“灾难状态”，美国50个州无一幸免。此刻的美国确诊人数逼近56万，死亡2.2万人。而全球的确诊人数则超过179万，11万人罹难。

同一天，首批从美国回国的留学生从纽约匆忙出发，乘坐凌晨起飞的南航包机抵达北京。当时，每张经济舱机票的票价为36117元。

《圣经》中说基督受难后三日复活，而全球无辜的生灵却在经历了 4 个月的煎熬后，依然在漫长且漆黑的隧道里奔跑，看不到尽头的光亮。

初步遏制了疫情蔓延的中国，正在成为全球华人最向往的“诺亚方舟”，开始承受着巨大的境外输入病例的重压，2020 年 4 月 12 日单日新增确诊病例破百。

在西方，复活节象征着重生和希望。

这一天，在洛杉矶华人网站上出现了这样一则消息：一位邻居得知社区有确诊病人出院后，他写道：“欢迎回家，你对我们来说永远不是一个数字。”

这一天，曾视死如归地号召全民“群体免疫”的英国首相约翰逊终于从生死线上被拉了回来，一下子变得低调了很多。在电视屏幕上，他真诚地感谢救治和照顾他的医护人员：“我欠他们一条命!”

西方社会的统治阶层都必须在一定程度上是虚伪的，这一点在美国尤为真实。有些人出名是为了找骂，而有些人出名是为了找死。复活节这一日，特朗普同样发表了讲话：“新冠病毒不会阻止复活节。即使在最黑暗的时刻，上帝丰富的爱和怜悯也不会动摇。基督的光将永远战胜我们所面临的磨难，因为他战胜了死亡。”

是的。上帝充满爱和怜悯，但在《圣经》中，上帝的雷霆之怒也随处可见。基督之死本来就是为了堕落的人类受难，在一部描绘基督受难的电影中，耶稣背着沉重的十字架在耶路撒冷走完最后的旅程时，四周站满了冷漠的看客。

这让我想起了达尔文和斯宾塞（Spencer），美国人也跟随他们的观点，认为进步是必然而非偶然。人类称之为“罪恶”和“不道德”的东西一定会随着社会进步而自然消失。这种论调无可辩驳地证明，万物和人类的进步是不可抗拒的宇宙法则，进步不仅是理性的逻辑，而且是必然的规律。这样，高贵的人类有了无比辉煌的前景，道德也有了科学的基础。

如果你是个有神论者，对为什么“无敌”的新冠病毒肆虐地球，其实很容易找到答案——新冠病毒难道不是一次新的天谴？

如果你是个无神论者，相信随着科学家的努力，也会最终找到答案——且一定指向人类为了满足自身的贪欲，高扬着社会达尔文主义的大旗，拜物拜金，崇尚丛林法则，肆意破坏生态链，违反了自然法则，终招致杀身之祸。

在杀死了上帝并发现了理性的缺憾之后，美国人又塑造了新的上帝——自我。一旦人类共有的目标和公认的美德不复存在，社会契约也是唇亡齿寒。

这次人类共同的灾难，带来的是洛杉矶多年来最洁净的天空，很多城镇由于人烟变得稀少，出现了久违的动物的身影——有一次，我住所的院子就闯入一只成年的郊狼，威风凛凛地巡视一圈，从容而去。社区周围的小溪也比往日清澈了很多，水底有鱼，岸边有野鸭和鹅悠游自在地散步。

忽然想起那一句诗，“万类霜天竞自由”。

历史上任何一次瘟疫，如果想尽可能地减少死亡，除了依赖科技的进步和自身的免疫力，还需要通过政府有效地组织，唤醒每个人的自律，并将所有人团结起来。

如今，我们身处披着一件残破的全球化外套的日益撕裂的世界。

号称全球第一强国的掌舵人和他的执政团队，虽然由白宫牧师带领着向上帝祈祷，却在欲望的驱使下，秉承利益至上、唯我独尊的法则，试图让美国实现所谓的“重新伟大”。

从历史上看，美国究竟是怎样的国家？政客们宣称，美国依然是世界的霸主，地位依然不可撼动。可更多的美国老百姓认为，他们的国家已经滑向了“罪恶”，公司、工人、法律都日益腐化，美国各大传媒为了迎合最低级趣味的大众而日益堕落，人人为利益所驱动而不惜对社会资源进行掠夺和浪费，整个国家在疫情下正在四分五裂。

我怀疑这些政客是否像他们说的那样爱上帝。

美国政客在媒体上装腔作势地说着自由主义的陈词滥调，仿佛这不是虔诚的渴望而是描述现实。

1620 年，英国第一艘载着分离派清教徒移民的殖民船只抵达美洲大陆，他们当时征服世界最锐利的武器是信仰。从《五月花公约》到《独立宣言》，得到了来自世界各地移民的集体认同，并由此产生了独特的凝聚力。再后来，血腥的全球扩张完成了原始积累，把新教伦理和资本主义精神结合，实现了在全球的崛起。

按照美国国父们的思想，那些富于理性敬业，勤恳诚实守法是值得称赞的，而后来大行其道的价值相对论则让美国人把生活方式的开放性放在了第一位。这样一来，人与人之间，人与文化之间的差异似乎消除了。

在道义上，反对任何形式的歧视获得了更为充分的依据。然而在另一方面，推动人类追寻道德高尚、维护政府权威的动力的品质也逐渐消失了，即便这些品质找到了，也不必加以推崇。美国人似乎无偏见地看待一切事物，但他们是在藐视公共权益和法理的前提下去鼓吹这一切，恰好成为一些自私之人，甚至违法之徒维护狭隘利益的借口。恐怕今天那些最强调自我权益的美国人，也正是那些从自己的说教中捞取好处最多的人吧。

在所谓开放多元的浪潮中，人们共同的追求和规范所剩无几，人们聚集在大街、广场、政府门前，其实每个人都是分裂状态：信仰的分裂，家庭的分裂，心灵的分裂……他们都成了社会性的孤独者。以自我为中心竟然成了美国历史上最诱人的口号。自私不是道德的缺陷，也不是罪恶，而是自然而然的必要，为了设计和实现一个完满而充分的自我。

事实上，美国并非一夜之间陷入当下的危险境地。在此之前，有良知的媒体和学者曾经发出警告，美国大部分地区的情况并不乐观，如果这些问题不得到解决，美国社会的情况很容易被一些居心叵测的人拿来误导大众。美国人可能不知道挑战将是何种形式，但风险确实存在。但是，美国最终却选择无视这些警告。从这个意义上说，美国现在的困境都是自己造成的，美国人错误地理解了经济、政治和价值观所代表的意义。

逐渐扭曲的价值观带来了扭曲的经济和政治状况，美国已经成为一个更加自私的社会。就像传统经济模型中所表述的那样，人们本就是自私的，但这种形象并不是美国民众理想中那个更好的自己。美国人被错误的模型引导，最终变成与模型本身毫无二致。

当代西方社会新教伦理的约束日渐式微，资本至上的欲望扩张成为驱使人们加速奔跑的主要动力。如果这样的欲望再与权力结合，则会带来危机中的灭顶之灾——忙于攫取现实红利的西方领袖们纷纷沦为傲慢的疯子，带着瞎子一般的公众掉进深渊。

美国人信奉自由开放的结果，往往表现为一种干瘪的多样性。在美国，人们创造出了自己所需要的各种生活方式。美国式的开放意味着他们实际上并不需要别人。因此，被标榜鼓吹的大开放，实际上成了大封闭。

他们注定听不到警钟。

如果新冠肺炎能以死神的名义，唤醒那些傲慢的总统和首相，则人类社会复活有望。

警　钟

当时，尽管美国航空公司已经对中国彻底断航，但我对回到北京仍然充满信心。

我本来计划2020年2月21日回京，但国航的客服在2月7号那天一直帮我改签机票，航班不是取消就是调整，日期和具体时间来回变，搞得我心绪不宁，最后退了票。时过境迁，我到后来才明白：那是我当时以最低代价直接返回北京的最后机会。

从 2020 年 1 月 18 日来洛杉矶后，我好像都在重复一种很规律的生活：早晨起来看电视新闻，读书，背单词——我的英文也就是能在餐厅点菜的水平，且经常被小学生纠正发音，然后就是在院子里种点蔬菜，颇有“采菊东篱下，悠然见南山”的意思。

洛杉矶没有冬天，春季雨水丰沛，有些阴冷，但不妨碍定期外出聚餐，与朋友喝着中国茶，一起看夕阳。

有朋友认为，美国和中国最大的区别就是：美国适合过日子，中国适合干事业。也有人认为，美国值得学习的地方在于强大的教育和科技，以及背后的多元文化和创新精神。我认为，还是在北京的日子惬意。

洛杉矶的安宁持续到了 3 月中旬，直到所有学校关门，孩子回家上网课，大人被当地政府要求“safer at home”（待在家里更安全），我才恍然大悟：美国已成疫情“震中”。洛杉矶的华人从最初向国内寄口罩的施救者变成被国内亲友帮扶的“难民”。

由于工作的性质，我始终都在关注国内的抗疫进程，并整天为留在家中的亲友揪心。

2020 年 1 月 27 日，我还到佛光山西来寺（Hsi Lai Temple）为国内亲友祈福——星云法师的道场。特别喜欢法师的一句话，对疫情中的美国政客有镜鉴作用：不想改过的人，无法调教；不想向善的人，无法得度。

最初，我被很多网络平台邀请录制了不少类似“武汉加油，中国加油”的短视频，后来也陆续录制了几十期云连线的卫视节目——15 个小时的时差、一万公里的距离靠网络实现了“天涯若比邻”。

这使得我对国内疫情有了全程完整的了解，更有助于我对美国疫情最终失控有了更深的思考。

这不是一个简单的甩锅游戏。

假如美国能珍惜中国争取的宝贵时间，并制定更专业科学的应对措施，或许会从容许多，不会白白搭上那么多无辜的性命。更令人费解的是，美国的决策层一直无人反省，无人道歉，无人忏悔。

美国著名经济学家斯蒂格利茨（Stiglitz）不无愤慨地说，科学与理性的权威性已经被人们观念上的正确性所覆盖，对意识形态的操纵已经成为资本家中饱私囊的新利器。他断言，在美国的一些地区，一种与科学和理性背道而驰的文化已经产生。如果这种情况持续发展下去，国家创造财富所依靠的科学基础就将遭到破坏，美国致富的“发动机”将难以持续运转。

病毒——上帝之怒——天谴，专治各种不服。

据说，鱼的记忆只有 7 秒。在浮躁喧嚣的网络上，人的记忆呢？

疫情大考为国家治理体系和治理能力现代化按下了“快进”键。在中国，疫情防控最终走向专业化、科学化的轨道。

这是突如其来的新考验。在最高决策者亲自带领下，中国众志成城战疫情，动员全社会力量打响的一场世界历史上最艰巨的公共卫生全民战争。

真的，不论是牺牲者还是幸存者，他们为疫情付出的代价都太大了，这本应成为美国及早防范、严阵以待的警钟。

当时，几乎没人会预料到美国疫情竟然大暴发，并迅速沦为全球“震中”。

在不少人眼中，美国以它在科技上的不断创新“引领”了世界潮流，使得世人不由自主地接受它所施加的影响。不知不觉间，我们的生活方式都“美国化”了。可万万没想到，美国拥有这么强的科技实力、这么完善的医疗机构、这么强大的社会动员能力……竟像第二次世界大战时的“马奇诺防线”一样不堪一击。

那么，美国怎么会把一手好牌打得满盘皆输的呢？

首先，美国轻敌了。

早在2020年1月21日，美国疾病控制与预防中心（Centers for Disease Control and Prevention）就宣布在西雅图出现了首例病患。1月23日，在芝加哥确诊了第二例。需要说明的是，后来还有消息说在更早的时间，美国便存在了新冠病例。

美国从来不缺乏高水平的专家和吹哨人。2020年1月26日，哈佛大学流行病专家埃里克·费格丁（Eric Feigl-Ding）在推特上说：“我们正面临史上最毒的病毒疫情。”他当时预测，疫情将于2月4日再扩大，并在两周内，感染会增加到6位数并传遍全球。

1月31日，世界卫生组织（World Health Organization）宣布新型冠状病毒感染的肺炎为全球公共卫生紧急事件（Public

Health Emergency of International Concern），这是世界卫生组织传染病应急机制中的最高等级。

2月2日，美国疾病控制中心免疫和呼吸疾病中心的南希·梅索尼尔（Nancy Messonier）就已经断言，美国将会出现越来越多因接触密切而感染新冠肺炎的病例。他坚持认为，这种全球性致命危机具有爆炸性，而且前所未有，可能演变成一种流行性疾病。

但是，特朗普不顾疫情严重的现实，不顾身边专业人士的再三劝告，一直固执地认为新冠肺炎是“大号流感”。有些事发生了，他需要假装视而不见。

2020年2月10日，特朗普在白宫国宴厅臆断疫情会在4月份消失，因为天气会变暖。

特朗普一直自信而固执地拒绝佩戴口罩，甚至到了2020年4月疫情压力变得更加巨大的时候，他依然劝告公众用围巾代替口罩遮挡口鼻就能万事大吉。一时间，美国超市多了不少蒙面大盗一般的顾客。

地产商出身，当过脱口秀明星，得罪了几乎所有主流媒体，被很多中国网友称为“不靠谱”先生，这样的大国总统面对疫情会“大撒把”吗？

国家如同一条在大海中航行的巨轮，如果船上是毫无常识的船长和自私自利的海盗，手无寸铁的人只能自食其力，破坏规则的人将会得到奖赏，负责监督和管理船员的人实际上是船员的俘虏。

真相只是一种政治上的修辞。当美国民众环顾四周时，他们会发现美国已经在特朗普的带领下，一头扎进黑暗的汪洋。

从一开始，不按常理出牌的特朗普应对疫情的方法可谓目标清晰、手段直接，宛如他平时一再进行的豪赌。只可惜，这次赌输了。

真相与盲从

美国的官僚体制几乎有别于所有其他发达国家，它充满矛盾，同一套制度里包含着两种相反的特性，规则重重而又有各种机会。

——詹姆斯·威尔逊

禁　足

继续闭门禁足。

日子实在无聊，甚至连邻居院子里德国黑背平时令人生厌的吼叫声，都变得动听了不少。门口马路边戴着口罩的奔跑者，天空偶尔呼啸而过的飞机，在柠檬树周围萦绕的蜂鸟，这一切都不断提醒我：这个突然静止的世界还活着。

疫情令人窒息地蔓延。

从 2020 年 3 月 19 日加州州长在全美率先发布居家令，一直到 4 月 16 日，全美新冠肺炎感染者突破 64 万人，死亡人数超过 2.8 万人。

疫情对美国造成的创伤是空前的，远远超过珍珠港事件和

"9·11"事件。

历史一定会因此而改写。

值得庆幸的是，加州在全美率先采取严格的居家禁令，也使得这个美国经济最发达的州最终逃过大劫。

当时，相对于疫情最严重的纽约——确诊21万人以上、死亡超过1.1万人，拥有近4000万人口、2.5万多人感染和约800人死亡的加州，堪称美国"抗疫模范"。

感谢所有在美国疫情暴发后牵挂、问候我并寄防护用品给我的亲友们。

因为你们，我从未缺少口罩、护目镜和药品。你们的关心让我在危难之际感受到守望相助的重要和可贵。

有一盒口罩整整等待了一个多月才收到，也让我第一次感到被美国断航的中美之间是如此遥远。

生命的质量往往取决于你浪费的那些"无用"的时光。持续待在家里，第一个感觉就是太费睡衣。

整天不出门，除了"云连线"。即使录像，也只是上半身穿个西装衬衫，下半身图省事直接穿条睡裤。

安静地感受生命的存在比被欲望驱使做自己不喜欢做的事情更有意义。洛杉矶没有冬天，感觉一年所有的雨都攒在春天下了，疫情期间一直潮湿阴冷，我在多数时间需要套个睡袍，很快就发现上面磨出个大洞，再结实的睡袍也架不住每天穿上就不脱下来。商场都关门了，网络上基本都在卖各种吃的，就这么破衣烂袍的穿着，颇有丐帮长老之风。

互　怼

疫情暴发以来，身处中美的舆论夹缝中，很压抑。很多人都被迫待在家里，上网的时间骤然增多，感觉朋友圈多了不少穿着睡衣仍在愤怒互怼的网友。

面对疫情，普通公民肩负责任最好的方式是：保护好自己，不活成别人的负担。进而管住腿不乱走，管住嘴不造谣。

总体上，我认为平凡世界里没有绝对的好人、坏人，大家都是普通人，只要有颗不断向好的心就很可贵。

一定远离三种人。

第一种是没底线的人，在成人世界里除了傻子，没人可以真诚到底。但需要有人味儿，尊重基本常识，恪守基本良知。不能因为生活所迫去弄得别人生活窘迫，做人要厚道。

第二种是爱抱怨的人，好像生活中从来没有阳光，脸上天天写满指责——“都是你的错”。这就是负能量的表现。反正远离这种人能多活两年。

第三种是没担当的人，经常无视他人的利益和存在。个别人得了新冠还四处跑，被隔离还像巨婴一样天天提非分要求。这样的人经常会把自由和人权挂在嘴边，将应尽的责任和义务忘在脑后，利己还不精致。

美国华盛顿越战纪念碑（Vietnam Veterans Memorial）刻着一

句名言——Freedom is not free。自由从来不是免费的，需要你以自律的名义勇敢地争取。

比如很多美国政客坚定地认为自己的国家与法国、中国、英国都不一样，如果哪天美国变得跟它们一样了，那将是一个莫大的“悲剧”。区别何在？首先，美国不是单一民族国家，而是多民族国家。其次，个人自由高于自己国家的利益。因此，美国首先把自己定义为一个“自由之国”。来自其他国家的人都会说，我的祖国是德国、俄罗斯或者其他国家，但美国人会说，我的祖国是“自由”。

不过，美国的精英圈同样普遍缺乏三类人：有魅力的官员、有思想的企业家和懂市场的科学家。

一般情况下，一旦社会精英放弃传统信仰，转而接受庸俗的价值观，传统体制就会丧失合法性。在美国，既有制度从始至终面临着合法性挑战。理想和现实的差距，造成了独具美国特色的认知失调问题。

疫情期间，微信朋友圈因为三观不合，亲友彼此拉黑的情况已不新鲜，绝交书我都见过好几封，而父子、母女反目恶语相向的人伦悲剧也偶有曝出，令人瞠目。

遗憾的是，很多乱战层次不高，类似泼妇骂街。更有甚者，有些源头竟是谣言。

世间所有平庸之恶源于人性之恶，且只有两种原罪：一个是蠢，一个是坏。

加上疫情初期的普遍恐慌和从众心理，手机上各种“无名之辈”瞬间空前活跃，口水四溢，以至于一些主流网站都专门推出了辟谣专栏。

勒庞（Le Bon）在社会心理学名著《乌合之众：大众心理研究》（*The Crowd*：*A Study of the Popular Mind*）中写道：群体追求和相信的从来不是什么真相和理性，而是盲从、残忍、偏执和狂热，只知道简单和极端的感情。

同　胞

最令美国华人气愤的是这样一句口号：祖国建设你不在，万里投毒你最快。

其恶毒甚于新冠病毒，却浅薄得不值一驳。

在国内境外输入的确诊病例中，90%的人员持有中国护照，其中四成是留学生。

这条回乡之路随着西方国家对中国断航的政策变得无比艰辛——时间漫长，路上折腾，机票价格昂贵并且没有保障——我认识的一位美国留学生竟然同时订了6张机票，最终都没能回到祖国。

一位走投无路的留学生在情急之下，曾到影星吴京的自媒体账号上请求帮忙回家。在吴京主演的电影《战狼2》中，有这样一句令人热血沸腾的台词——中华人民共和国公民：当你在海外遭遇危险，不要放弃，请记住，在你身后，有一个强大的祖国。

历史不断证明，漂泊在外的6000万华人华侨普遍是爱国的。日本再友好也只是“同袍”，而他们至少是“同胞”。

疫情之下中国人互撕，只会亲痛仇快，甚至授人以柄，等于给对华不友好人士递上一把锤子，令人扼腕。

“我们有一千个理由把中美关系搞好，没有一个理由把中美关系搞坏。”在面对疫情需要凝聚全球共识力量的时候，特朗普却找到了一个和中国交恶的理由。

最终，美国成为病毒的乐园。

谁的美国？谁的危机？谁的世界？

美国的特征正在于自由理想与制度实现间的张力。它定义了美国政治的痛处与承诺。如果这个张力消失了，我们所熟知的美利坚合众国便不复存在。

——塞缪尔·亨廷顿

惊　吓

2020年4月19日，全美新冠肺炎患者人数突破76万，死亡人数迈过4万大关，这些消息令人窒息。

当时有迹象表明，疫情蔓延的速度在趋缓，但死亡数字继续快速增加，街道依然空旷无人，及“stay-at-home（待在家）”引发的烦躁和焦虑在网上持续扩散。

隧道尽头的光亮似乎只有特朗普等少数政客能够清晰看见，更多专家悲观地提醒公众做好持久战的准备。

此前，特朗普曾无比荒唐地把新冠病毒称为“中国病毒”，导致亚裔面对种族攻击的危险大增。好在疫情期间，美国 50 个州都实行了紧急状态和不同程度的居家令，并未出现太多针对华人的人身伤害事件，可谓不幸中的万幸。尽管美国联邦调查局乃至美国地方警局不时发出预警，提醒防范有关针对华裔的种族主义攻击。

熟人中唯一一个坏消息是：一个开韩国料理店的华裔女老板在尔湾（Irvine）的店铺被人砸坏大门入室洗劫，所幸当时她在家隔离，只损失了一些财物。

随着疫情持续蔓延，整个洛杉矶地区的犯罪率在大幅下降。小偷和强盗都是人，也怕死，大多老老实实在“家里蹲”。据洛杉矶郡警局 2020 年 4 月 13 日的数据，与 2019 年同期相比，凶案下降 31. 25%，强奸案下降 34. 85%。

但是，我还是谨慎地在网上订购了一把高压电枪，每天放在床头柜的抽屉里。

美国作为移民国家，能够吸收各个民族的优点与精华，成为它最大的优势之一。而根深蒂固的种族矛盾，又是美国最大的社会难题之一。自美国 1776 年建国以来，种族歧视就是其社会毒瘤，搭上了林肯、马丁·路德·金等一大票牛人的命，至今都没有痊愈。

没有暴徒登门袭击，但自己人倒先打起来了。

美国家暴热线每天呼入量创下新高。据专业机构统计，全美每天至少打入 2000 个家暴热线电话。在美国国内一些大城市，疫情期间去民政部门预约登记离婚的人数暴增。

共克时艰，守望相助，喊喊口号容易，动真格就是另外一回事了。一个家遇到疫情友好相处都那么难，何况一个国？更何况一个世界？

高盛高级董事劳埃德·布兰克费恩（Lloyd Blankfein）曾在推特上吐槽："我和我妻子被隔离了 4 个星期。在这一点上，我被她杀死的风险比被一个糟糕的病毒杀死的风险更大。"

全球老公的生存法则其实都一样：听老婆的话，一旦有争吵，她永远都是对的。真正死得很惨的，都是认为应该"站在对的那边"的男人。仔细想想，和老婆吵架，你对过吗？有可能对吗？

疫情期间，"三饱一倒"是生活常态——"早中晚都吃饱，最后再往床上一倒"。

回国的航班越来越少，还不时传来归国留学生被传染的消息——路上全副武装不敢吃喝、不敢上厕所不说，回去还要在外地隔离两星期。想到这里，我就决定不给祖国添麻烦了，继续留在大洋彼岸。

复　工

无论走到世界上哪个国家，华人都比较听政府的话，抱团取暖，危机意识、安全意识一流，这使得重灾区的华人发病率始终较低。

至于一些美国白人在疫情期间表现出的大无畏精神，究竟他们是信奉“不自由，毋宁死”，还是因无知而找死，迄今无法准确判断。

美国式的新道德主义是把双刃剑。亨廷顿（Huntington）说，美国人一直持有同样的看法，纵观美国历史，贯穿其中、无可避免的是关于自由的理想、半自由的制度以及二者间的鸿沟。除去这些关于自由的理想，除去为实现这些理想而付出的努力，美国就变成了没有存在意义、没有集体认同、没有政治文化，甚至没有自己历史的国家。

美国精英阶层固然普遍素质较高，但一些基层群众则不敢恭维，他们普遍体重超标，文化素质不高，美国意识超强。沃尔玛超市的个别女售货员算术差到令人发指——尤其是现金支付时，更是接近手脚并用。有次买个 1.1 美元的东西，我递过去 2 美元，她掰着手指算了一分钟不说，还找给我 9 美元。我不能欺负人家美国售货员，赶紧还回去，人家感动得直说：“上帝保佑你。”

很多美国中下层白人是“特朗普铁粉”。特朗普教育他们说，全球化害得他们生活水平下降，中国人抢了他们的饭碗。本来就生活得不如意，再听到这样的话，更加群情激愤。

随着中国经济越来越好，美国精英们逐渐变成中国通，普通蓝领工人和农民对中国的认知还相当模糊混乱。一些无知的美国群众在不怀好意的政客的忽悠下，竟认为中国人吃了蝙蝠后骑着会喷火的龙祸害世界。

一些美国人先是宁死不戴口罩，在疫情暴发后，还把围巾在嘴上一裹，再拿把枪当街一站，活脱脱的塔利班侵入美国的感觉。

不少人被迫在家忍了近一个月，纷纷出来沿街游行，不是上千辆车一起在闹市游荡，鸣笛向政府示威，就是手持枪械，成群结队在广场上以捍卫宪法修正案的名义聚集，完全不管空气中是否弥漫着新冠肺炎病毒（COVID-19）。他们的标语上写着“想理发，想购物，想工作”。

许久没在现实生活中见到视死如归的人了。唯有感慨：想想武汉人民封城的76天，这中美群众的境界能比吗？

特朗普则在推特上近乎咆哮地支持这些违反禁令的人：解放明尼苏达州！解放密歇根州！解放弗吉尼亚州！

2020年4月16日，特朗普宣布了一个名为“重启美国”（opening up America again）的计划——分三个阶段重新开放美国的社会经济生活，至于何时以及如何开放将由各州自行决定。

特朗普说，一些疫情不严重的、符合标准的州甚至“明天就可以开放”。

随后，华盛顿州长杰伊·因斯利（Jay inslee）直言不讳地抨击：“他疯狂地咆哮和呼吁人们‘解放’各州，不仅可能感染病毒，还会导致暴力。”

在一个功利得可以怀疑一切美好情感的时代，愿意相信显得无比重要。就像听不到顶级传染病专家安东尼·福奇（Antony S. Fauci）等专家吹响的疫情暴发的哨声一样，特朗普也注定听不到州长的忠告。

这不是他想要听到的声音。

停 摆

疫情导致美国经济停摆，将大选之年的特朗普逼至墙角。

2020年的头两个月，波音公司在全球没有接到一架新的飞机订单。

美国知名电子零售商百思买(Bestbuy)3月份销售额暴跌30%，对5.1万名员工宣布停职。

3月，商业零售巨头梅西百货(Macy's)有12.5万名员工被停职。

4月初，服装零售商杰西潘尼(JC Penney)关闭了850家门店，9.5万名员工被停职。

影视娱乐业更惨。以全球娱乐业老大迪士尼为例，除了位于世界各地的主题乐园全部关闭外，其新片上映时间也推迟了。

据我认识的一位在迪士尼影业担任高管的朋友介绍，以中国文化符号拍成的《花木兰》（Mulan），在洛杉矶举办了首映礼，却因为疫情暴发被迫下线，主演刘亦菲也自此“stay-at-home”。朋友一声叹息：“这是迪士尼历史上的‘滑铁卢’。”

更恐怖的是美国商务部公布的数据：2020年3月美国零售总额较前一个月下降8.7%，创下1992年以来的最大降幅。

一个消费主导型的社会，有这样的数据无疑是在为经济敲响丧钟。

2020 年 4 月 14 日，国际货币基金组织预计 2020 年全球 GDP 增速为-3%，美国为-5.9%。

20 世纪 30 年代以后最严重的经济大萧条，山雨欲来。

发　钱

疫情另一个可怕的次生灾害是失业率激增。

据公开资料显示，仅 2020 年 3 月 21 日至 4 月 11 日，美国申请失业救济金的人数就达 2200 万人——相当于美国劳动人口的 13.5%。

这是美国劳工部自 1967 年开始有记录数据以来的峰值。不仅远远高于 2008 年，甚至被认为超过了 20 世纪 30 年代的经济大萧条时期。

很多地方挤满了领取政府救济的人群。据媒体报道，在得州圣安东尼奥的救助点，有超过 1 万辆车出现在领取食物的现场，创下历史新高。

美国居民最欢喜的一件事就是收到钱了——美国政府发的纾困补贴。简单地说，以 1.5 亿纳税人为主要对象，如果年收入不到 7.5 万美元，单身者每人可以领取 1200 美元，夫妻两人则可以拿到 2400 美元，17 岁以下的孩子每人可以领取 500 美元，如果以拥有两个孩子为上限，一个家庭最多可以拿到 3400 美元。

这是美国 2 万亿美元经济法案中最吸引人的部分。

救公众就是救消费，救消费就是救企业，救企业就是救美国。但有别于此前所有的危机时刻，这次美国救市的成败不取决于政府巨额货币的刺激政策，而取决于战胜病毒的时间。

没有疫苗，没有药到病除的治疗方案，就没有比社交隔离成本更低的预防办法……在这样的背景下，特朗普推动的分步骤且有限的“重启美国”计划，宛如一场押上更多美国人性命的豪赌。

特朗普唯有孤注一掷，因为，留给他的时间不多了。

撕　裂

2016年，意外当选总统的特朗普成为《时代周刊》的封面人物，被称为“美利坚分裂国总统”。其赢得大选的口号是“Make America Great Again（让美国再次伟大）”。

随着全球化带来的各种问题与矛盾日益尖锐，美国的全球经济霸主地位受到严重挑战，加上贫富差距加大，非法移民带来的社会问题逐渐增多，中西部铁锈地区、农牧业的中下层白人被剥夺感增强，民粹主义开始抬头。

于是，美国大选中黑色幽默的一幕出现了：一个房地产商出身的亿万富翁肩负起美国广大劳动人民渴望丰收与富裕的重托，在主流媒体和精英政客的一片嘲讽声中，入主白宫。

与其说这些过去大选都懒得投票的劳动人民信任和喜欢特朗

普，不如说他们恨死了伪君子一般的建制派政客。

美国著名专栏作家托马斯·弗里德曼（Thomas Friedmann）先后出版了三本有关全球化的现象级畅销书，前两部的书名就能管窥东西方从蜜月再到撕裂的过程：《世界是平的》（*The World Is Flat*，2004）、《世界又平又热又挤》（*Hot，Flat，and Crowded*，2009）、《谢谢你迟到》（*Thank You for Being Late*，2017），最后一部书描绘出撕裂后的全球重新连接的三种力量：互联网的全球普及（5G 是加速器）、再全球化（基于技术和产业链再造）、生态文明的全球共识。

被突如其来的疫情撞沉之前，特朗普的全球乌托邦设想在世界各国应者云集，唯独与美国政府格格不入。

这位商人总统一上台就高举美国至上的旗帜，对内力主为企业减税，改善营商环境，鼓励甚至逼迫在海外投资设厂的美国公司回归，对中国挥舞关税大棒，找自己的盟友收保护费，不断威胁退出联合国框架下的各种“朋友圈”。

这样的做派，真有点 19 世纪晚期已现颓势的英国“光荣孤立”政策灵魂附体的意思。只不过英国当时针对的是欧洲大陆，而特朗普针对的更多是中国。

英国“光荣孤立”了 20 年，便从全球老大的位置跌落。“美国至上”又能延续多久？

在国际社会，美国以最高裁判的身份自居，肆意给其他国家的表现评定等级并决定奖惩。“冷战”后，美国意识到自己是唯一的世界霸主，美国的战略目标核心便成了在世界“新疆域”中防止其他任何国家挑战其独一无二的地位。

但是，在经济全球化进程加速的今天，美国“唯我独尊”的任性已大不如前。

在特朗普的无知傲慢下，美国的去全球化终究还是造成“冷战”以后东西方最严重的鸿沟——从贸易到金融，从政治到文化，从政府到民间——直到新冠病毒导致全球几乎所有国家停摆并彼此隔绝。

至少在疫情暴发之前，特朗普运气不错。经济持续增长，失业率屡创新低，股市高歌猛进。

然而，特朗普执政期间，美国经济中最深层次的问题并没有得到解决，甚至变得更加严重：实际工资水平降低、社会不平等现象加剧、国民健康状况不佳、预期寿命下降、长期投资不足。特朗普出台的政策导致医疗保险覆盖面减少，加剧了社会不平等的程度。

2018 年 3 月，特朗普宣布竞选连任 2020 年美国总统，推出的口号自信满满：Keep America Great（让美国保持伟大）!

2020 年 3 月 17 日，特朗普轻而易举地获得共和党提名，有资格角逐连任 2020 年美国总统。

必须承认，特朗普一直在连任的路上高歌猛进——直到疫情暴发。

危　机

就像贸易摩擦一样，特朗普的抗疫思路对外紧紧围绕中国展开。

最初隔岸观火，鼓励中国全力扛住。中国疫情暴发之后，便通过断航中断交往。这段时间，特朗普看上去像个权威十足的老师，赞扬“中国很努力控制疫情，很欣赏中国的努力和透明度”，并认为“防疫工作做得很好”。

但是，在美国疫情暴发后，特朗普迅速翻脸，向中国甩锅，并公然宣扬带有强烈种族歧视色彩的“中国病毒说”。美国疫情失控后，他更是指责中国是病毒的源头，向世界卫生组织发难，并宣布暂停资助，前后判若两人。

美国媒体普遍认为，特朗普对疫情的持续误判，使整个美国遭受百年来最严重的人道主义灾难。

2020 年 4 月 12 日，《纽约时报》组织了被称为史上最豪华的调查记者团队——包括 5 位普利策奖得主（其中两位记者获了 3 次奖），采写并发表了 6000 余字的长篇深度报道，怒批特朗普错失防疫良机。

托马斯·弗里德曼撰文把未来分成两个世界——Before Corona（新冠之前）的世界和 After Corona（新冠之后）的世界，并分享了他观察到的五大趋势：尚且未知的未知、指数的力量、摩尔定律、美国的文化或政治会因为新冠肺炎而改变、只有慷慨才能拯救我们。

对于美国来说，未来出现一个大政府和紧密型社会是大概率事件。

弗里德曼相信“我们终将渡过这次危机”。

特朗普会渡过他执政生涯的危机吗？显然，他永远成不了富兰克林·德拉诺·罗斯福那样的人物。

这一时刻，我只想尽快平安地回北京。

每一天，我的耳畔都好像响起约翰·列侬那首不朽名曲《Imagine》：

Imagine there's no heaven（想象这个世界没有天堂）

It's easy if you try（只要你想象，这事很轻松）

No hell below us（想象这个世界没有地狱）

Above us only sky（在我们的头顶只有天空）

Imagine all the people（想象这个世界所有的人）

Living for today（为今天而生活着）

……

美国与新冠的缠斗

世界不必像今日美国那样运作，而是应该将其重新定向使其服务于大众的利益。绝望的死亡现象在很大程度上正是美国——也只有美国——未能吸取教训的结果。

——安格斯·迪顿

酷　暑

几乎一夜之间，洛杉矶从凄风苦雨的阴冷，迈入赤日炎炎的酷暑。

2020 年 4 月 24 日，气温达到 36 摄氏度。当日，美国新冠肺炎感染者突破 90 万人，死亡人数突破 5 万。

不是说酷热能杀死新冠病毒吗？看来，这只是特朗普安抚公众而信口开河的借口。他甚至建议公众注射消毒液杀死新冠病毒，随即遭到政敌、媒体、专家的一致反对和嘲讽。作为特朗普的政坛死敌，希拉里·克林顿（Hillary Clinton）在推特上提醒公众："请不要因为特朗普认为这可能是个好主意而毒死自己。"不料，这竟然一语成谶：美国一名工程师和他的妻子服用了鱼缸清洁剂，造成一人死亡、一人病危。随后，特朗普自我解嘲："那只是建议，我只是来展示才华。"

这不是特朗普第一次越俎代庖，以防疫专家的姿态出现在公众面前了。此前，他还赞同阳光、高温和湿度会抑制新冠病毒，而且他一直认为疫情将在夏季之前得到缓解。

所幸特朗普身边站着的专家安东尼·福奇，像中国张文宏一般温婉而坚定。特朗普忍他很久了，没炒掉他或许是因为其在美国人心中威望太高。后来，以福奇头像为标志的蛋糕、鞋子之类的商品在纽约等地相当畅销。在特朗普宣布新冠肺炎疫情会在 2020 年秋冬结束后，福奇随即表示，他确信这种病毒将会在秋季出现。知识分子不媚俗，不仅包括不媚权贵，也包括不媚公众，只向真相和良知靠拢。当媒体埋怨为什么不能及时阻止特朗普在发布会上胡说时，福奇回应："我总不能跳到麦克风前，把他推下去。"

这些只能说明，因为一个超级自负且"万能"的时任总统存在，美国广大人民群众抗击疫情该有多么不易，何况那些面临着种族主义威胁的华人，大家就别天天在国内舆论上骨肉相残了。在拥有领先全球的科技成果和完善的医疗系统的美国，新冠肺炎能造成感染人数、死亡人数冠绝全球，特朗普难辞其咎。

与其盼望生活在一个崇高的世界，不如信仰常识。如果想在疫情中活得久，除了坚持一个非常重要的原则——不信总统信福奇之外，还有就是得能忍，坚持待在家里且不疯掉。

忍　者

我坚持每天在院子里与自己种下的葱蒜、辣椒对话，所幸生机盎然的它们还没有开口说话。身旁经常萦绕着上下盘旋的蜂鸟和美丽的美洲蓝鹊，最有意思的是一只体态肥硕的松鼠几乎每天都到那棵高大的番石榴树下溜达一圈。去年秋天树上曾挂满金黄的果实，它天天都来饱餐一顿，可惜现在只有满树青翠的叶子，随风沙沙作响。每次看着松鼠惆怅而去的身影，心里竟有几分不忍。

盼着每一次出门倒垃圾和取外卖的机会，如同一个囚犯渴望每天放风那短暂而宝贵的时光。

不是所有的企业都在疫情中受损甚至倒闭。洛杉矶一个售卖新鲜食材果蔬的专业网购平台 Weee 便急速成长起来。美国经济发达，物资丰富，基本生活用品供应充足，但缺送货的人。一些滞留美国的中国留学生便干起了兼职配送小哥。每天从下午 4 点半干到晚上 9 点半，能净赚 120 美元，比平时多赚 20%。

每当配送小哥按响门铃时，我都一个箭步冲出大门，争取能与已经坐在车里的小哥远远地见个面，彼此激动地挥挥手——一半是感谢，另一半是寂寞。

大家都快在家里憋疯了，加上预感对抗新冠疫情是一场持久战，傍晚本来空荡寂寥的社区街道突然出现了很多遛弯的居民，有一家老小一起出动的，也有夫妻结伴携手同行的。有分手的就会有更加亲密的，为黄昏增添几分生气。

令人担心的是，他们几乎都不戴口罩；令人欣慰的是，他们都能保持6英尺（约1.83米）以上的社交距离。迎面而来则如同撞见鬼一般远远躲开，再蓦然回首，彼此微笑着挥挥手，打声招呼。

爱你有多深，离你有多远。

轮到国内亲友为滞留洛杉矶3个多月的我和家人担心了。谢谢你们寄来的口罩和药品。

从北京到洛杉矶相隔一个太平洋，超过一万公里，在民间交流几乎完全阻断的今天，每一个中国人接收着爱的信号。

纽　森

生于1967年10月10日的加文·纽森（Gavin Newson）是一位中年帅大叔，民主党人，罗马天主教徒，现任加州州长。

2020年3月19日，纽森率先在拥有4000万人口、美国最富庶的加州推出禁足令。

在特朗普的直接推动下，先后至少有20个州，不顾一些公共卫生专家的强烈反对，开始积极“重启美国”。例如，全美核酸检测率最低的佐治亚州，竟决定从2020年4月24日逐步开启健身房、发廊、电影院、餐厅等公共场所，成为全美首个重开非必要企业的州。

这种激进的复工计划连特朗普都看不下去了，他批评道：复工太早，强烈不赞成。

从 2020 年 4 月 18 日开始，纽森也在积极响应白宫的号召，酝酿“解封”，并声称在 4 月 22 日新闻发布会宣布具体细节。他当时描绘了开放后的场景：餐馆只能按正常容纳人数的一半重新开放，人人戴口罩，学生错峰上学，禁止集会。

然而，到了发布会上，纽森却宣布继续封城，且没有期限。他把焦点集中于加大检测力度，并希望在 4 月底之前实现每天检测 2.5 万次的测试目标。或许，这是加州不采取惨烈的“群体免疫”的最后时间窗口。

纽森如此阐述自己作出决策的依据，基于科学和数据驱动的方法，而不是基于意识形态，这一点值得特朗普学习。

加州是美国 GDP 第一大户，2019 年经济总量超过法国，位列全球第六。疫情已经对加州的经济造成巨大冲击，直逼 1930 年的大萧条时期，政府财政也相当吃紧。

不过，高速路上的巡警反而成为推动财政增长的主力军。从 2020 年 3 月 19 日至 4 月 19 日，加州高速巡逻队对超速司机开出的罚单超过 2019 年同期的 87%。

究其原因，好多人不用上班了，路上空前畅通，本来开车就生猛的加州人便把轿车开成了赛车。

纽森坚持广大人民群众生命安全第一，希望按部就班地推动“解封”，但加州人民已等不及了。

尤其是失去工作的穷人，他们每人只能领取 1200 美元的纾困救济金，在抢购完食物、药品、卫生纸和交完房租后已经所剩无几。在生活成本很高的加州，他们陷入了一种疫情人生悖论：解封是找死，不解封是等死。因此，这些人便和红色州支持共和党的群众一起响应总统号召，“大无畏”地冲上街头以宪法修正案的名义要自由、要工作、要理发。

2020 年第一季度，全美就有 2100 万人失业。当时专家预计，到 4 月这个数据会达 6000 万，失业率将破 20%。要知道，在 20 世纪 30 年代经济大萧条时期，失业率才到 14%左右。

更多的洛杉矶人在酷暑骤然来临以后，不堪忍受高温的煎熬，失去继续在家禁足的耐心，冲向了尚未封闭的海滩。这背后还有一个更深刻的原因：洛杉矶地区约有 22%的家庭没有空调，毕竟低收入家庭不太可能有空调。

2020 年 4 月 24 日，橙县的新港海滩（Newport Beach）涌入成千上万的游客。这里摩肩接踵，热闹非凡，几乎没有人戴口罩，也无人保持社交距离。

一个与之呼应的新闻是，洛杉矶郡与南加利福尼亚大学医学中心一直在加紧行动，建立了一个包括 ICU 在内的多层系统，可以扩大到 175 张甚至 200 张床位，为未来第二波新冠疫情高峰作准备。

祈祷这些挤满海滩忘情欢呼的人，人生的下一站不是 ICU。

当地华人自媒体为“海滩勇士们”赋诗一首：生命诚可贵，海滩价更高，若为日光浴，两者皆可抛。

抉　择

2020年4月20日，在科罗拉多州民众抗议居家令的示威游行中，摄影记者艾莉森·麦克拉伦（Alyson McClaran）拍下了一个历史瞬间——

两名身着防护服和脸上戴着N95口罩的医护人员挡住了抗议者的车队，不断重复着美国在新冠疫情中死亡的人数，而愤怒的抗议者则对着他们拼命按喇叭，一位身着美国国旗T恤的女子冲着医护人员嘶吼："Free Country（自由国家）！Land of the free（自由国家）！"

疫情暴发之初，在加州华人的朋友圈中流传着这样的一个段子：一个美国人排队做新冠检测，排了大半天后实在耐不住火气对身后的人说："我受够了！你给我占住位置，我去把特朗普一枪给毙了。"一小时后，他回来了，替他占位置的人问："你把特朗普毙了吗？""没有，那边排队的人比这里还要多！"

如何直面并弥合社会撕裂，形成新的美国共识，是决定抗疫成败的关键。这至少需直面三个矛盾：亟待复工和疫情扩散，个人权利与社会管理，必须联合起来的人类与加速分离的世界。

而面对这些，首先要考虑的是公民健康还是经济发展？这是特朗普的"哈姆雷特之问"。

如果想继续拥有美利坚最高统治权的话，特朗普已无退路。

毕竟，经济曾是他最大的政绩，是他谋求连任最大的筹码。

特朗普一定恨死病毒了。本来，他以为只要坚持美国至上、发动贸易单边主义、推卸掉世界第一经济强国应有的国际责任，一心搞好国内经济，让企业盈利，为普通人留住饭碗，获得利益，就能赢得民心，再度顺利地入主白宫，并在推特上继续指点江山，褒贬全球。

但是，特朗普最初对疫情的误判，把自己逐步逼至墙角，以至失去了耐心和理智。周围专家和精英的批评被他习惯性屏蔽，最终押上自己和共和党的未来，进行最后一搏。

犯错的人不知忏悔，指责的人不知宽恕。疫情之下，3 亿多美国人会甘愿被捆绑在充满风险的特朗普经济战车上一路狂奔吗？

2020 年 4 月 12 日，美国白宫曾给特朗普请来身为教皇秘书的巫师。据说其神力非凡，能呼风唤雨，场面震撼。作法的过程中，几个美国议员紧紧抓着特朗普的肩膀，求神赐福，希望神魔不要把他带走，顺便保佑美国人民，让病毒赶快消失。

上帝会保佑美利坚吗？

《圣经旧约·箴言录》中说：“人所行的若使上帝喜悦，上帝便会让他的敌人与他和平相处。”

随着疫情的暴发，当全球的目光集中在新冠肺炎病毒上时，特朗普的关键词仍是“China”。

改 变

现在谈论“后疫情时代”为时尚早。对于疫区中心的人来说，活到疫情结束才是首要任务。

“起风了，唯有努力生存。”

人类社会往往通过创造神话传说来反映社会的价值观，并在此基础上生根发芽，让人们尤其是年轻一代受到教化。这些神话传说可以巩固人们共同的价值观，激发他们的动力。

个人主义深深扎根在美国社会的土壤中，它代表了那些依靠自我奋斗而成功的人，代表了为社会创造就业机会的组织者，而这些都是美国梦的体现。美国梦作为一个神话，有着非常重要的作用，它强化了美国作为机遇之地的概念，将美国和其他国家区分开来。但如果坚守梦想的代价是毁灭生活，很少有人会继续。

作为美国梦的杰出代表，亿万富翁特朗普曾这样告白：“我爱房地产，我爱做生意，我爱兴建高楼大厦，我爱主持《飞黄腾达》（*The Apprentice*，又译作《学徒》）。”

直到成为西方第一强国的总统，特朗普依旧秉承着交易至上的准则，并在一个全球重商的时代，一度顺风顺水。他的人生哲学至今仍在全球商界拥有大批粉丝。

1987 年，特朗普在美国推出了超级畅销书 *Trump*：*The Art of the Deal*，中文版本应被翻译成《特朗普：交易的艺术》。不过中国的出版商为了配合特朗普参加美国大选的热点，把中文版书名定为《从商人到参选总统》。——从财富自由到权力巅峰，真的是世俗社会中功利人生的至高追求吗？

一切都是交易，一切都有价格。

从带货网红到投资大鳄，从商学院学生到 MBA 课堂，假如生逢盛世，远离战争的硝烟，人类社会始终和平共处，用特朗普的哲学去赢，是太多人的梦。

但愿一切会因疫情而改变。尤瓦尔·赫拉利（Yuval Harari）说："许多思想家和先知曾认为，饥荒、瘟疫和战争一定是上帝整个宇宙计划的一部分，抑或是由于人类天生的不完美，除非走到时间尽头，否则永远不可能摆脱。"赫拉利觉得先哲们过于悲观了，他在《未来简史：从智人到智神》(*Homo Deus*：*A Brief History of Tomorrow*）中放言："随着科技的进步，把人升级为神，让智人化身为智神"。

其实，是尤瓦尔·赫拉利过于乐观了。假如科技没有人文的护佑，没有信仰的牵引，反而会加速人类的毁灭。

就病毒而言，人类唯一的完胜是 1979 年宣告天花的根除，这首先要归功于爱德华·詹纳（Edward Jenner）在 1796 年研制出来的疫苗。

为了彻底战胜新冠肺炎病毒，人类还有很长的路要走。

更 好

疫情之后的世界会更好吗？你会更好吗？

在这里分享两个真实的故事。

一个发生在印度。2020 年 4 月 16 日，在印多尔（Indore）的马路上，散落了一地无人认领的钞票——纸币共 6480 卢比（约合人民币 600 元）。印度国民人均收入是中国的四分之一，且穷人众多，他们面对遗失的钞票不捡也绝非道德高尚，而是因为害怕。当日，印多尔新冠肺炎确诊病例累计 586 例。居民怕钞票上有病毒。

这件事提醒我们，虽然金钱在生活中无比重要，但还是有比钱更重要的东西值得珍惜。比如人的生命，还有亲情、友谊和天良。新冠疫情之后，期待更多人找到超越名利的追求。

点亮人心，永不过时。

另一个故事上了 2020 年 4 月 17 日中国网络媒体的“热搜”，标题是“全球卫生系统最薄弱的国家”。说的是一个叫塞拉利昂（The Republic of Sierra Leone）的非洲小国，有 750 万人口，当时有 15 人确诊新冠肺炎，整个国家只有 1 台救命的呼吸机。

这件事提醒我们：无论走过多少弯路，付出多大代价，强国一定会战胜疫情的。但是如果听不到塞拉利昂人痛苦的呻吟，最后的胜利又有多少光芒？各国之间鸿沟如深渊，矛盾如山川，差距如天壤，唯有同情、悲悯、尊重和爱是连接世界唯一的桥梁。

如果疫情是一次“天谴”，它的目标就是所有人，超越了当代社会单纯的是非、善恶、美丑判断。“心中爱欲、敌意和妄想的三重火熄灭时，世界便是涅槃。”

托马斯·潘恩（Thomas Paine）在《常识》（*Common Sense*）一书中说，当我们到达一定高度时，就会看到被目前的恐惧与偏见所遮掩的前景。

现在，美国人的偏见不能容忍那些健康的个人和民族，这势必会导致文化解体的倾向。他们用自己特别肯定的方式去限定对善的认识，拒绝正视民族之间的差异，不屑于理解其他不同民族的习俗，这一切似乎成为当代美国文化的先决条件。

美国政府的批评者

繁荣取决于全球化的成功，而这个过程经常产生不利于实现夙愿的政治反应。作为全球化的经济管理者几乎没有机会参与全球化的政治进程。而作为政治进程的管理者又不愿意失去国内支持的风险而对经济或金融问题未雨绸缪。

——亨利·基辛格

五 一

2020年5月1日，国际劳动节。

当日，美国国内接待2319.7万人次游客，朋友圈到处是解禁后首次出游充满欢喜的剪刀手。

当日，全美确诊人数超过110万，死亡人数超过6.5万。加州确诊的人数则超过了5万，这让“五一”国际劳动节笼罩了浓郁的黑色幽默感。

随着疫情蔓延，周围都是特别想劳动而不能的美国人民，要么被裁，要么被休假，还不发薪水，改叫“五一”失业节更合适。美国是“五一”劳动节的发源地，起源于1886年5月1日美国的一次大规模的工人大罢工。

美国劳工部数据显示，自2020年3月21日至4月底，已有2650万人申请失业救济金，超过美国劳动人口的16%。专家预计，失业率将破20%，创下20世纪30年代经济大萧条时期以来的新高。

饭碗危机依旧拦不住美国工人纪念“五一”劳动节。来自亚马逊、沃尔玛、联邦快递等大公司的员工纷纷以疫情暴发而公司未能为员工提供基本保护为由拒绝工作。

死了那么多人，特朗普再也无法淡定。他有些沮丧地在白宫记者会上说，美国永远无法宣布“完全战胜”新冠病毒，因为太多人已丧命于它。

特朗普和他的同僚们加大了向中国甩锅的力度，向中国索赔的荒诞剧一幕接着一幕上演。

关键因素是大选，这是一场权力的游戏。

这一点连欧洲媒体都看出来了。德国《时代》周报一篇题为《中国是给特朗普最好的礼物》的文章称，这类问责呼声从法律层面上获胜的希望微乎其微，但在美国声讨中国的浪潮中的最大受益者则是特朗普。

华 裔

最先倒霉的是美国华裔。

2020 年 4 月 25 日，我所在城市洛杉矶的钻石吧（diamond bar），一个年逾九旬的独居华裔老人被两名西裔持枪劫匪堵在家里殴打，事后虽侥幸逃生，但精神受到巨大刺激。

在纽约，一起恶性打人事件成为《每日邮报》的报道焦点。4 月 23 日，在布朗克斯（Bronx）的地铁里，一个黑人疯狂殴打一名亚裔乘客 40 多拳，时间长达 20 秒，周围乘客均冷漠旁观。

任何冷漠都不是孤立的人性邪恶，总有幕后力量推动内心魔鬼狰狞而出。

此前，账户为“纽约反亚裔俱乐部（antiasiansclubnyc）”的网民在社交媒体上发布贴文，声称：“明天我将和我的兄弟带上枪，在华埠枪杀每一个我们见到的华人，这是唯一阻止新冠肺炎病毒在纽约传播的方式。”

当然，上面说的这些是极端案例。但是，4 月 8 日，美国哈里斯民意调查机构（Harris Poll）发布的民调结果则表明，随着特朗普不断甩锅给中国，中美民间对立情绪在疫情暴发后明显加剧：90%的美国民众将中国视为“威胁”，其中 62%的人认为中国是“主要威胁”，这个结果比 2018 年上升了 14 个百分点。

已在好莱坞成名的美籍韩裔影星约翰·赵（John Cho）在接

受媒体访问时说："前一刻，我们是美国人，而下一刻，我们就是把病毒带到这里的外国人。"此言在洛杉矶华人社群引起了广泛共鸣。

一个又一个心理防线被击穿，回国的希望日益渺茫，我反倒不那么紧张害怕了，甚至有些理解那些视死如归、当街拿着枪威胁政府要求"解封"的美国人了，那不是为自由而战的勇敢，也不是愚蠢，而是绝望。

我没那么绝望，更多的是麻木。这些天感到自己在提前安享晚年，每天混吃混喝、遛弯，外卖小哥按动门铃时的叮咚声动人心魄，宛如天籁，提醒我外面的世界还在继续，生活还在继续——人与人像"人鬼情未了"般地互相躲着又随时牵挂。

生活被剥夺了社会属性，每天倒也单纯，主要任务是吃饭、睡觉、和家人厮守，蓬头垢面，衣衫不整，互不嫌弃，感到病毒做到了多少人生导师甚至上帝佛祖都没有干成的事：帮助人类作息规律、节制欲望、勤俭度日、陪伴家人、简单生活——几个月没有逛商店、买衣服、下馆子、办聚会了，日子素得只想禅定。

车库里的车几乎不动了，后视镜上竟然结了一段细细的蛛网。油价跌成这样竟没机会加油，内心时而萌生有便宜占不到的惆怅。

在人人自危的情况下，没有长治久安的富贵，只有漫长的共同焦灼。本来做好了就此长期抗疫安度余生的准备，不料祖国传来惊天喜讯：北京下调防疫级别，很多外地回京人员不用隔离了，连手机上的朝阳区——我家所在地都变"绿码"了。这一下，我马上不淡定了，几个月苦苦修炼的“禅定”立破，脑海中浮现出天安门壮丽的景象，令人无比向往。

鸿　沟

美国作家爱默生（Emerson）说：“有两件事我最憎恶：没有信仰的博学多才和充满信仰的愚昧无知。”

我去过纽约数次，最后一次是 2015 年。在繁华拥挤的纽约出门适合坐地铁，里面又破又脏又臭，远没有北京地铁干净敞亮，我便用双手把包紧紧地箍在胸前，怕被贼偷。同行的当地友人笑话我：“纽约没贼。”我很吃惊。他随后说道：“纽约人都直接抢，嫌偷费劲。”

这说明，对于一个中国人而言，如果不在美国长期生活且勤于思考，哪怕是以游客的身份到访多次，也会对中国人最关注的西方头号强国产生误解。

同样的道理也适用于外国人，不要以为学会了普通话，天天在网络上赞扬中国，就是从骨子里认同中国。

外国友人夸你，可以高兴，但别太激动。一个正在快速崛起的泱泱大国的公民，本应具备更大的格局、胸怀和视野。

当下更需要能够让中国通向更广阔世界而默默架设信任桥梁的人，中美民间尤其如此。

中美的差异不仅包括经济结构和社会治理，还有价值体系。

这些差异会形成认知差，并最终导致传播学上所谓“竞争性真相（competing truth）”频现。

竞争性真相是英国学者赫克托·麦克唐纳（Hector McDonald）在《后真相时代》（*Truth*）重点阐述的命题。书中写道：互联网拓宽了全球知识的传播范围，加速了错误信息和仇恨的传播。也就是说，互联网上的很多信息都是正确的，但其具有欺骗性。因为“我们会下意识地滤除与我们的想法存在冲突的思想和数据……很容易对非常重要的问题做出极具选择性的描绘……在很多问题上，我们只能听到很小的一部分竞争性真相”。事情越复杂，真相就越容易被片面地选择并用于误导受众。

美国当代社会贫富日益加剧，阶层对立严重，价值出现严重撕裂。在“美国至上”的驱动下，排外仇外情绪日益升温，被疫情暴发逼至墙角的特朗普为了大选，经常“通过忽略来隐藏重要真相或歪曲事实”，并利用手中权力“甩锅”中国，煽动民意来转移视线，掩盖由于自身决策失误导致的美国抗疫大败局。

美国各界对特朗普政府的批评，则折射出当代美国经济社会存在的严峻问题，更凸显了美国价值在全球化年代的深层危机。

把握真相的能力取决于获取资讯的广度、道德维度的高低和认知是否全面深刻。

围绕特朗普抗疫失败这个议题，他的美国批评者或有助于每个人了解一个复杂的美国。

枪 手

这是一个“枪手”的反击。

1987 年，一本名为《特朗普：交易的艺术》（*Trump：The Art of the Deal*）的书雄踞纽约时报畅销书冠军宝座 32 周。这本被誉为“每个商人的《圣经》”的书留下了耐人寻味的话：如果你稍微有些与众不同，或者令人难以容忍，做事情十分大胆或饱受争议，媒体都会关注到你。

放在全媒体传播时代的今天，此言也不过时——不就是有胆、有料、有个性吗？

但是，美国精英们对总统的要求远远超过“交易至上”原则。至少，需要像奥巴马那样喊一喊“yes，we can（是的，我们能）”的口号，并充满诗意地向选民重申一下美国价值：“我们国家真正的力量并非来自我们武器的威力和财富的规模，而是来自我们理想的持久力量：民主、自由、机会和永不屈服的希望……”

遗憾的是，特朗普一生只热爱并擅长交易。在他决定从政后，原本只作为这本书合著者的托尼·施瓦茨（Tony Schwartz）就在推特上宣布，是自己一个人写完了这本书，并且还说，这本书完全是一部虚构作品，应该停止出版。

这不就是富豪雇枪手为自己树碑立传吗？这本书让“枪手”托尼·施瓦茨最后挣到了 50 万美元。

2016年，当特朗普离总统宝座越来越近时，施瓦茨刻薄地说："我就像在给一头猪涂口红。我非常悔恨，因为我帮特朗普吸引了关注，让他拥有了影响力。我觉得，如果特朗普赢了，可能我们的文明都会结束。"

他还说过，如果现在让他来写这本书，他会用《反社会》（*The Sociopath*）来给这本书重新命名。

特朗普上任之初，美国经济虽然一路顺风顺水，但美国社会的撕裂与世界的分离，加剧了不同文明的冲突，直到新冠肺炎疫情的到来，全球始终无法凝聚起共识和力量，以至于疫情成为一个持续蔓延的历史性悲剧。

古希腊历史学家希罗多德（Herodotus）说："上帝要使一个人遭难，总是先让他忘乎所以。"

女　人

一般而言，男人需要牢记的一个人生信条就是永远不要得罪女人。在传统的中国社会，男尊女卑带来的一个结果是：男人需要与整个世界PK（对抗），女人则只需要与一个男人PK，谁的赢面大可想而知。

身为房地产商兼真人秀明星，特朗普一直是处理男女问题的行家里手。他身边从来不缺女人，直到他当选总统以后，媒体上关于他和脱衣舞女、三流艳星的花边新闻也未曾中断，但被深谙传播之道的他化险为夷。

特朗普有三次婚姻，五个子女，现任夫人梅拉尼娅（Melania）曾是欧洲名模，女儿伊万卡（Ivanka）性感迷人。在特朗普当选总统后她们更是把美国白宫当成秀场，一时风光无限，甚至在中国也拥有众多粉丝。

特朗普深知，爆裂、简陋而富有煽动性的信息可以完美迎合美国网友情绪，这些女人只是他博取点击率、阅读率和制造话题的道具而已。

一些来自美国中西部白人家庭的特朗普铁粉几乎有着共同的特征——对社会不公充满愤怒，情绪随时可以点燃，迷恋现世的成功，畸形的主人翁意识超强，排外反中，种族主义倾向严重，认为国家是自己的，并可以任性闯天涯。

相较于温婉内敛的传统东方女性，美国的“半边天”更加独立且个性张扬，从政后如能在这个传统的男性领域脱颖而出，战斗力可想而知。

入主白宫后，主动规避比基尼女郎的特朗普被两个政坛女强人盯上，成为其挥之不去的噩梦。

政　敌

这两个女强人，一个叫希拉里·克林顿，生于 1947 年，民主党人，曾在 2016 年美国总统大选败给特朗普。

另一个叫南希·佩洛西（Nancy Pelosi），生于1940年，民主党人，现任美国众议院议长。

2017年8月，美国出现日食。特朗普一度在没有佩戴护目镜的情况下，直接仰望天空，后经助手提醒，他才戴上护目镜接着观看。希拉里事后嘲讽道："那个裸眼看日食的人。"

2018年5月，回到母校耶鲁大学法学院做毕业演讲时，希拉里仍然无法从败选中释怀。她对美国未来发出预警："如今领导人利用仇恨言论煽动民众，对法律、媒体的自由言论宣战……他们似乎忘了自己肩负着美国民众'公仆'的职责。虽然国家政治出现了两极分化，相信现在的毕业生已经做好了足够的准备来应对'动乱的日子'。"

科学是一个信赖检验和实践的认知系统，它的每一次进步都基于此前的研究与先行者的进步。显然，历史没有时间等待这些年轻的精英去改变美国了。随着疫情呼啸而至，美利坚合众国的巨轮只能在一个明显违反基本政治常识（包括科学常识）的人的带领下，满载着四分五裂的公众高速冲向未知的彼岸。

南希·佩洛西一直是政坛攻击特朗普的重炮手，曾因强烈反对特朗普不顾疫情着急复工发表了一封言辞犀利的公开信，直陈特朗普抗疫七宗罪。这是一把锐利的刀，被美国国内舆论用得很充分。而她表态支持拜登竞选总统的声音更值得玩味——他是一位"富有同理心、风度和勇气"的绅士，是一位谦逊的领袖，会寻求科学专业知识，并有信心基于专业采取行动。

这些优雅词汇的反面，站着鲜活生动的特朗普。

特朗普崛起于纽约，而全球头号疫区纽约州州长安德鲁·科莫（Andrew Cuomo）算是他老家的当家人。

不幸的是，科莫来自民主党，在疫情期间经常与特朗普唱反调。

2020年4月13日，科莫在接受CNN（美国有线电视新闻网）采访时，直接称特朗普是一名“精神分裂者”，正在制造宪法危机。此前一天，他召集了5个相邻的民主党州长，组成“冠状病毒理事会”，集体对抗特朗普关于经济复苏的政策。

几乎与此同时，加州州长加文·纽森也联络了另外两个西部州，共同制订疫情结束后的经济振兴计划。

纽森决定，从2020年5月1日起，关闭洛杉矶地区仅存的仍向公众开放的橙县新港海滩。此前由于高温，这里曾涌入4万名来海边嬉戏的群众，他们大多不戴口罩，无视应该有的社交距离。纽森说，一切以数据为基准，抗议和联邦压力不会影响决策。

美国联邦政府和地方政府的撕裂进一步公开化了。

最令人懊恼的事不是遇到麻烦，而是不知麻烦何时降临。2018年12月11日，在美国众议院司法委员会的听证会上，出现了神奇一幕——谷歌CEO桑达尔·皮查伊（Sundar Pichai）被要求解释：为何谷歌一搜idiot（白痴）这个词就出现特朗普的照片。

特朗普曾抱怨：“如果用谷歌搜索‘特朗普新闻’，搜索结果只显示虚假新闻媒体的观点和报道。也就是说，谷歌在操纵搜索结果，导致几乎所有关于我的报道和新闻都是坏消息。”

即使在特朗普有7400多万个粉丝的推特账号上，也有粉丝在留言中定期展开嘲讽他的大赛，言辞诙谐生动，令人捧腹。不过，2019年4月，特朗普在会见推特CEO杰克·多西（Jack Dorsey）时，没有提及这些来自粉丝的嘲讽，只是在抱怨自己掉粉了。

商人出身的特朗普笃信注意力就是一切，他曾在自传中说：“即使是一篇反面报道，虽然从个人角度讲很受伤害，却可能对生意起到极大的促进作用。”

疫情期间，美国大多数主流媒体都在持续发表批评特朗普的报道。印象最深的是，CNN竟如此一针见血地指出美国疫情暴发的根本原因：美国的政治制度出了问题，而美国民众正在为这些错误买单！

明　星

影视本不分家。但令人有些费解的是，身为电视明星的特朗普竟在好莱坞没几个朋友。

特朗普长期参与的真人秀节目《飞黄腾达》曾在全美同时段节目收视率中位列前茅，而这个节目也一度在中国电视界引发模仿热潮。特朗普利用媒体的“天赋”在电视时代就展示得淋漓尽致，其粉丝有的甚至被纳入2016年总统大选的核心团队。

不过，即使后来当上总统，好莱坞大牌明星也没对特朗普说过几句好话，一点都不给领导面子。

2017 年 1 月，在美国金球奖颁奖典礼上，获得终身成就奖的著名影星梅丽尔·斯特里普（Meryl Streep）在致辞时，不点名地炮轰特朗普保守的充满民粹色彩的反移民政策。

斯特里普后来还这样怒怼特朗普："当掌权者借职务之便欺凌他人，那么所有人都会输。"她的话得到了很多明星的呼应，包括创作了《哈利·波特》的 J. K. 罗琳（J. K. Rowling）都为其点赞。

明星布拉德·皮特（Brad Pitt）也加入调侃特朗普的行列，为了满足抗疫专家福奇的心愿，他在一段影片中义务出演了这位传奇人物。在特朗普表示将会有疫苗相对较快地被生产后，皮特说："'相对较快'是一个非常有趣的短语……相对于地球的整个历史？可以肯定的是，这种疫苗将很快上市。"

疫情暴发以来，一个神奇的现象就是美国的首席防疫官不是医疗专家，而是特朗普。

名义上的总负责人副总统彭斯（Pence）深入一线诊所慰问，竟然连口罩都不戴，遭到了媒体的批评。后来视察工厂时，他不得不戴上口罩，还加了护目镜。

领导如此"视死如归"，肯定会激励更多在家憋坏的无知者拿枪上街抗议"封城"，逼迫各州州长"重启美国"，因为他们身后站着为了连任急不可耐的特朗普。

可贵的是，美国的很多医疗专家本着对科学和生命负责的态度，不畏权势，始终坚持发声。

下面是福奇博士 2020 年 3 月 24 日接受采访的一段实录：

《科学》杂志：您没有说过“中国病毒”这个称呼？

福奇博士：从来没有。

《科学》杂志：您也不会这么说吧，您会这么称呼吗？

福奇博士：我不会。

2020 年 4 月 8 日，备受特朗普指责的世界卫生组织总干事谭德赛（Tedros）说：“请不要将这种病毒政治化。它正在利用不同国家之间的差异。如果你想被它这样利用，如果你想有更多的裹尸袋，好，那你就这么干吧。”

迷　失

2020 年 3 月 25 日，英国《太阳报》报道，美国总统特朗普内阁成员的圣经老师拉尔夫·德罗林格（Ralph Drollinger）在每周发布的圣经学习指南中提出，新冠病毒是上帝对人类的一种审判，是上帝发怒的后果。

特朗普的崛起，代表了美国“冷战”后最严重的迷航。

从根本上说，美国政府的合法性取决于其在多大程度上体现了美利坚信条的基本原则。然而，政府永远也无法完美体现这些原则，因此其合法性实际上取决于美国人民对待美利坚信条原则的认真程度。越是信仰美利坚信条，美国人就越要反对他们自己。美国政府的合法性与美国终极理想的信仰之间，始终存在一种此消彼长的关系。

有人说，美国在世界的主导地位取决于三张牌：价值观、盟友和硬实力（硬实力包括经济、军事和科技）。这其中，美国自认为占有优势的是价值观和盟友牌。但特朗普上台之后，就先把这两张牌废掉了，反而在中国最强的经济领域去打贸易战。

对美国而言，最可怕的还是影响世界的核心价值的消失。

特朗普对美国选民承诺的是利益，也在全力以赴地兑现承诺，并且一度运气不错。

但是，对美国未来的承诺，其实就是对美国当下的控诉。第一强国除了 GDP 第一、经济第一、科技第一、军事第一之外，还须有持续输出价值的能力。虽然好莱坞大片仍在风行天下，但美国梦越来越萎缩成美国人自己的事情，并承受着多极化世界、多元文化崛起的挤压。

越来越多的美国白人在特朗普“一切都是交易”的旗帜下，迷失在利益至上的欲望汪洋中。他们民粹至上，不信上帝，不信世间有超越利益的追求。他们也不信比尔·盖茨（Bill Gates），一个拥有 580 亿美元身家的人依旧可以有普世情怀，可以用金钱去帮助穷人，甚至有人认为比尔·盖茨是病毒的元凶，做慈善仅仅是因为受美国社会高额遗产税的逼迫。

这才是美国社会最大的危机。

特朗普胜选演说中延续了他的畅销书的逻辑，这也折射了美国为何在新冠疫情中全面溃败。纾困资金解决了穷人燃眉之急，短暂维护了社会稳定，却不足以击败疫情—— 一个跨阶级、跨意识形态、跨民族、跨主权的恶魔。仅仅靠资本的力量，无法让四分五裂、彼此充满怀疑与仇恨的世界联合起来。

毕竟，利益或许能填平收入鸿沟，但永远无法弥合价值的撕裂。

从这一角度来说，2009 年奥巴马充满浪漫诗意的胜选演说或成一个帝国最后的绝唱。

1620 年，“五月花”号轮船带着《圣经》和匠人而来，最终靠新教伦理和资本主义精神的联合——“睡好”和“吃好”的平衡是人类现代社会的终极平衡，前者叫信仰的护佑——建立超越利益的信念；后者叫世俗的力量——靠法治市场的推动，最终崛起为西方最富强的大国。

因此，一些理智的美国精英围绕特朗普政府提出的批评，显然存在价值。

那些倒下的公司和富豪

如果你始终相信每个生命都是平等的，那么当你发现某些生命被挽救了，而另一些生命被放弃了，你会强烈地感到这是让人无法接受的。

——比尔·盖茨

重　击

2020 年 5 月 8 日，美国新冠肺炎确诊病例累计超 131 万例，死亡超 7.8 万人，按照这样的发展态势，这意味着美国最终因新冠死亡人数会超过珍珠港事件（约 2400 人）加朝鲜战争（约 35000 人）加越战（约 58000 人）加“9·11”事件（约 3000 人）死亡人数的总和。

随着美国死亡人数的上升，白宫新冠病毒协调员德博拉·伯克斯（Deborah Birx）博士 5 月份在接受采访时说：“即使迄今为止继续采取封锁措施，最糟的情况也将导致多达 25 万人死亡。”截至 2021 年 2 月底，美国因疫情死亡人数超过 50 万。

面对疫情，一向超级自信的特朗普不再说自己能看到“隧道尽头的光明”了。2020 年 5 月 6 日，他在白宫例行记者会上黯然神伤：“我们经历了美国史上最严重的攻击。”

但这一切都无法阻挡美国各地要求解禁的热浪，这一热浪与骤然来临的酷暑遥相呼应。在全美，宣布各种解禁措施的州逐步攀升至 43 个。

2020 年 5 月 8 日，加州和得州——美国西部经济的王者和新兴之地，开启了新阶段复工计划。以加州为例，按照州长纽森此前宣布的第二阶段复工计划，风险较低的商户，如书店、乐器店、服装店、玩具店、花店等重新开业。复工当日，加州新冠确诊人数超过 62000 人，得州确诊人数超过 36000 人，且仍在持续上扬。

加州州长纽森在新闻发布会上暗示，全州第三阶段开放将在 6 月到来，这意味着你可以外出理发、看电影、做美容和到健身房锻炼了。与此呼应，洛杉矶的高速路车多了起来，再也找不到开跑车的感觉。当然，交警罚款的增长速度也随之下降。

网上一片欢腾。疫情拐点这么快就来了？

忍　耐

回国遥遥无期，不时传来留学生在飞机上被传染的消息，航班少得可怜且经常被取消。我只好做好长期在异国他乡抗击疫情的准备。

中美两国断航以后，感觉物流速度回到了一个世纪之前。有一些口罩和药品从国内发出两个多月后，手机信息依旧显示“在运输中”。

一个好消息是我在院子里种的葱长势良好，一个坏消息是辣椒和青蒜全死了。还有那只经常到番石榴树下等候果实成熟的胖松鼠不来了——或许一次次失望让它丧失了耐心，我宛如失去了一个老友，有些惆怅。

我酷爱的加州樱桃（即车厘子）上市了，3 磅（约 1.36 公斤）的价格为 11 美元。

其间，我“全副武装”地去了趟附近的一家韩国超市。毕竟拿命去采购，便一下子买了 200 美元的日用品，限购多日的雪糕敞开供应了。

除经营者和顾客须戴口罩和结账时须保持 6 英尺的社交距离之外，感觉超市里基本恢复了常态。几乎所有物品都开始正常供应，包括一度断货的大米和面粉。猪肉也充足，顾客很多，迎面撞见虽彼此视若瘟神，但由于空间有限，想随时保持社交距离也殊为不易，只能暗暗祈祷对方千万别有病。

从 2020 年 3 月 19 日加州宣布禁足令以后，感觉执行起来主要靠公众自觉。美国政府经常被砍行政预算，我所在城市的警察有不少已经下岗了。这导致的恶果是一些案值低的普通治安事件，警察基本不管，即使抓到罪犯也大都训诫了事。疫情期间，甚至从监狱里放出一帮盗窃犯、强奸犯，让其居家隔离，令人不安。

这里也不可能像国内的社区那样，严格监督疫区群众不能乱窜。这种松散的社会管理模式，最终成为美国疫情失控的一个关键因素。

说得更直接一点，在州政府发布居家令后，如果不怕死的话，居民是可以不戴口罩随便外出的。一个人在大街上被警察罚款的概率，不比遭雷劈高太多。

反　抗

像往年的夏天一样，洛杉矶四周的港湾每到夜晚就会涌现如梦如幻的荧光海滩，宛如希腊神话中女妖的诱惑。不顾疫情的蔓延，各大荧光海滩入夜便会挤满参观的人潮，很多游客是举家出动，扶老携幼。什么口罩，什么社交距离，统统被抛在脑后。中国古代有位充满智慧的老人曾总结：民不畏死，奈何以死惧之？

看到朋友圈频现这样的场景，我突然对美国个别专家号召“群体免疫”增加了几分理解。

几乎与此同时，在南加州橙县各城市海滩和洛杉矶市中心，多处出现百人以上示威人潮。更有人强行进入海滩冲浪，来抗议加州州长纽森封闭橙县海滩的禁令，并要求早日重启各行业，恢复经济活动。橙县相邻的洛杉矶和河滨县，是目前加州确诊和死亡人数最多的前两位，而这两个县的居民则是橙县海滩的常客。

更极端的事件是，2020 年 5 月 6 日，俄克拉何马城（Oklahoma

City）的一家经营外卖的麦当劳餐厅遭到一名顾客的持枪袭击，三名员工受伤，枪击者只是因不能堂食感到愤怒。

还有一个孩子的抗争，听上去令人莞尔。2020 年 5 月 3 日，犹他州警察在盐湖城外的高速公路上拦下一辆车后，惊讶地发现司机竟然是一名 5 岁的男孩。他告诉警察，他与母亲发生争执后驾车离家，因为他妈妈拒绝为他购买跑车。他说，他正在独自前往加州的路上，口袋里有 3 美元现金，要去购买一辆兰博基尼跑车。

有梦想是值得鼓励的，但前提是先得有命去拼搏。一个人的梦想不在于你向世界要求了多少，而是为别人创作了多少可能。天真的孩子不懂这些，但逐步走到时代舞台中心的“后浪”们应明白，先独立，能养活自己，才能体面地为自己的梦想买单，才能优雅地将“前浪”拍死在沙滩上，否则和那个五岁的孩子有什么区别？

何况，能不能挺立时代潮头，往往也与年龄、代际无关。以生逢盛世的清代皇帝雍正为例，相对于“前浪”康熙，他这“后浪”不行；相对于儿子乾隆，他这“前浪”又逊色不少。

围绕缺乏事实基础的论题进行断章取义、毫无逻辑的抬杠，既无意义也没意思。越来越多的美国人在疫情中视死如归，凸显出中美之间在社会管理、文化生态、生命哲学等方面的诸多差异。

在中美渐行渐远的当下，探寻两国之间的最大公约数便显得弥足珍贵。

英　雄

把美国广大人民群众对居家令的反抗，解读成“不自由，毋宁死”的英雄主义，那是文人的天真和意淫。如果简单地嘲讽为愚蠢，那就不仅有失偏颇，还有讨好迎合国内民粹之嫌。

事实上，相当多的美国人对封城的反抗基于一个朴素的理由：失去工作以后，拖家带口的他们活不下去了。

在得州，美发店的女老板雪莉·路德（Shelley Luther）成为很多美国人心目中的英雄。

2020 年 4 月 24 日，来自达拉斯（Dallas）的雪莉决定开店营业，违反了得州居家令。于是，警察上门要求立即关门，但遭到她的拒绝，她甚至当众撕毁了警方的禁令，坚持营业。

2020 年 4 月 28 日，雪莉·路德收到法院的临时禁令。她继续无视，并在网上发布视频，声称她的店会在做好清洁和消毒的情况下继续营业，这是宪法赋予她的权利。

结果，她被抓进监狱。在法庭上，她对法官说：“如果您认为法律比抚养孩子更重要，那么请继续您的决定，但是我不会关闭理发店。”

2020 年 5 月 5 日，达拉斯地方法官以蔑视法庭罪，判雪莉入狱 7 天，并处以罚款。

谁料，这个判决点燃了得州人的怒火，上至州长下至百姓纷纷行动起来，掀起声讨法官的声浪。得州总检察长相信法官滥用职权，并得到州长格雷格·阿伯特（Greg Abbott）的响应，副州长丹·帕特里克（Dan Patrick）则替雪莉支付了罚款。众多得州民众来到她服刑的监狱门外示威游行，要求立即释放雪莉。

5月7日，得州州长阿伯特甚至因为她而将“重新开放”的行政命令提前了近一个月。这天上午，被释放出狱的雪莉·路德在监狱门口得到很多人迎接英雄般的欢呼。

饭　碗

抛开得州政府浓郁的共和党色彩，以及雪莉·路德事件背后的政治化解读，抗疫成效远不及中国的美国必须面对一大堆冰冷的数据。

2020年4月，美国失业率达14.7%，为20世纪大萧条以来的最高数字。2050万个饭碗灰飞烟灭——这是有记录以来最糟糕的记录。这也意味着，从2007年大衰退中复苏11年的新增饭碗，在一个月内就化为乌有。

其实，在战胜疫情之前，多数人的美国梦不是发家致富，而是保住饭碗。也就是说，至少在2020年之前中美经济的重心都是饭碗保卫战。

在美国，雪莉·路德不是一个人在战斗。她展示了美国疫情风暴里小微企业的悖论：开业必然加大疫情传播的风险，关门家里嗷嗷待哺的孩子就可能挨饿。纾困资金只能缓解一时困境，无法解决她长期的生计难题。

但是，困境并非只限于个人。在斯宾格勒（Spengler）的《西方的没落》（*The Decling of the West*）一书中描述过，早在20世纪初，美国像一台马力十足的机器发动起来时，资本主义也随之恶性膨胀，各种典型的矛盾也都开始激化。贫富悬殊、雇用童工、血汗工厂、失业危机……20世纪头十年被很多人认为是美国劳资社会的至暗时刻，移民带来的好处荡然无存。自那时起，美国就开始大规模排斥移民。

马克思说，资本来到这个世界，每一个毛孔都是血淋淋的。资本主义从出现开始，就伴随着对它的批判而野蛮生长。

比起历史，现在的美国似乎更加有过之而无不及。美国媒体列出新增失业人口行业排行榜：休闲和酒店业位列首位，锐减770万个职位。世界旅游组织（UNWTO）预测，国际旅游的需求，或者说在旅游景点过夜的需求，都会比2019年下跌三成。到了2020年4月，航空业有将近2/3的飞机因旅客数大减而暂停起降，有些观光游轮到2020年11月都不会再出航，而美国是全球旅游业霸主。国际航空运输协会在2020年4月14日发布的数据预测，2020年全球航空业损失将达3140亿美元。

排名第二的教育和医疗保健业失去了250万个职位。数据显示，美国现有36万名中国学生，一年可以为美国带来约140亿美元的经济效益，疫情暴发加上美国收紧对华交流空间，这个生意在疫情之后也很难恢复元气。

据非政府组织的一份就业报告显示，2020 年 3 月疫情为高峰期，全美有 4.3 万名医疗体系的人员被解雇，创下 30 年来之最。从科室看，被解雇的医护人员主要是那些不在抗疫一线的科室，例如泌尿科、风湿病、减肥外科、妇产科等。令人惊讶的是，被减薪的竟包括那些在前线超负荷抗疫的医护人员，有的在疫情特别严重的医院工作量是平时的五六倍，每天目睹重症病人的死亡，而薪水还要被降低。

零售业排第三，失去了 210 万个职位。美国最大的奶牛合作社估计，奶农每天倾倒的牛奶高达 370 万加仑，约合 1400 万升。

克鲁邮购公司（J. Crew）是一家服饰零售企业，拥有 500 多家连锁门店和 1 万多名员工，美国前总统奥巴马的夫人米歇尔也是其忠实顾客。面对经济衰退，这家公司已向法院申请破产保护。另据美媒报道，受疫情影响，美国服装业收入整体下降约 52%。要知道，克鲁邮购公司 2019 年的营业收入为 25.401 亿美元。

2020 年 5 月 5 日，名气很大的百货公司诺德斯特龙（Nordstrom）宣布，计划永久关闭全美境内的 16 家百货公司，占总门店数的 14%。

与此同时，州和地方政府失去了 98 万个职位。美国社会本就不需要太多官员，疫情暴发以后人民都待在家里，则更不需要了。

在美国 GDP 排名第一的加州，超过 67% 的失业率来自休闲和酒店业，其中包括餐馆和酒店等。其他服务业——包括机械维修和理发之类的服务——损失了 1.55 万个工作岗位，建筑业则失去了 1.16 万个工作岗位。

美国大型通信公司美国电话电报公司（AT&T）发布的 2020 年一季度营收数据显示，它在美国新冠疫情暴发期间损失了 89.7 万位付费电视用户。这个异乎寻常的数据引发猜测：美国疫情死亡的数字有可能被低估，而美国疫情暴发的时间也由此会大大提前。

帮　扶

美国财政部宣布，为支持政府的各种抗疫和纾困政策，将在 2020 年第二季度举债 3 万亿美元。这一数字直接刷新了历史纪录，远超 2009 年金融危机背景下的 1.8 万亿美元。

2020 年 3 月中旬至 5 月，已有逾 3000 万人申请失业救济金，加州申请失业救济金的人口数约 370 万。美国财政部披露，被批准在 2020 年 7 月底之前动用至多 100 亿美元联邦资金之后，加利福尼亚从联邦政府借款 3.48 亿美元。这笔钱可以用于支付常规的失业救济金，并为疫情期间失业的工人支付每周 600 美元的额外补贴。

在 2007—2009 年经济衰退后，加州曾向美国政府借款近 110 亿美元，为失业救济提供资金，直到 2018 年才还清。

2020 年 4 月中旬，加州的失业信托基金约有 19 亿美元，低于 2 月底的 31 亿美元。这意味着经济衰退时期，加州最多只能发放两个多月的失业救济金。税收政策中心（Tax Policy Center）的数据则显示，加州 2020 年 4 月的个人所得税收入大幅下降，从上年同期的近 190 亿美元降至 51 亿美元。

大面积的失业会导致消费需求的降低，如果没有强有力的政府干预，经济可能会长期陷入停滞状态。这真的是巨大的讽刺，拥有最先进科技的美国可能因为科技的进步而使社会遭到打击，技术并没有为全人类带来福祉。

美国劳工部数据显示，像加州这样陷入经济危机引发财政紧张的州，在全美有 20 个以上。2020 年 5 月 5 日，美国《纽约邮报》报道，民主党人、纽约市长白思豪（Blasio）对白宫出台的经济纾困政策表达不满，并认为特朗普是一名“纯粹的伪君子”。他表示，特朗普宁愿拨款近 580 亿美元资助航空产业，也不愿向各州提供财政援助，更不愿意帮助消防、医护及教师摆脱困境。

当年，奥巴马的医改方案在确保所有美国人都能享有医疗保健方面迈出了重要的一步，但确实还有改进的空间。相比而言，特朗普废除了奥巴马的医改方案，却没有提出相应的替代方案。这使得有数百万美国人得不到医疗保险，尤其是那些已患有疾病的人。

另一个摆在美国地方政府面前的严峻课题是，在疫情没有真正得到遏制之前，不管是否与特朗普同属一个政治阵营，也不管是不是要付出更多无辜生命的代价，复工提速经济发展都显得迫在眉睫。

加州州长纽森在每日新闻简报会上说:“我们每一个部门都必须开始为经济着想了，为短期、中期和长期的经济复苏提出切实可行的想法。”

纽森还宣布成立经济复苏小组，包括4名前加州州长，其中一名是著名的阿诺德·施瓦辛格（Arnold Schwarzenegger），以及一大票亿万富豪，如迪士尼执行董事长兼董事会主席鲍勃·伊格（Bob Iger）、苹果首席执行官蒂姆·库克（Tim Cook）等。

虽然美国政府宣称对身处困境的中小企业提供金融支持，但过高的门槛、烦琐的程序以及大公司的挤占，都在进一步将一些小公司逼至绝境。例如，小型企业署（Small Business Administration）不到14天就烧光薪资保护贷款计划（Paycheck Protection Program）最初发放的3490亿美元。在这个计划的执行过程中，大型连锁业者竟也雨露均沾，诸如露丝的克里斯牛排馆（Ruth’s Chris Steak House）、三明治连锁公司（Potbelly Sandwich Works），以及在全世界拥有275家分店、2019年销售额高达5.75亿美元的上市企业Shake Shack汉堡公司。

经济环境恶化滋生了一系列社会问题，从家庭衰落、童年创伤、毒品泛滥、社区凋零到工作尊严丧失。

随着疫情的持续蔓延，越来越多的无业游民会流落街头，并超出政府救助的能力极限，成为危及社会安定的火药桶。在特朗普政府充满种族主义色彩的鼓动下，500万华人华侨的处境则更加艰难。

引 擎

汽车行业是美国重要的传统支柱行业。

在学者眼中，1913 年被称为人类前后工业社会的分水岭。那一年，来自美国的福特公司开发出了世界上第一条流水线，提升了生产效率，增加了工人工资，加速了人类汽车时代的来临。

随着疫情暴发的节奏，汽车工厂停产潮率先发端于意大利。法拉利跑车宣布 2020 年 3 月 14 日起停产。三天后，大众集团宣布其在西班牙、葡萄牙、斯洛伐克以及意大利的多家工厂在当周停产。

2020 年 3 月 19 日，美国三大汽车制造商福特、通用、菲亚特克莱斯勒宣布，北美工厂全部停产。据统计，到 2020 年 4 月初，全球停产的整车厂超过 150 家，而停产的零部件企业超过 3000 家。

日内瓦车展是全球五大车展之一，在搭建工作接近尾声时，主办方宣布活动取消。从日内瓦到纽约，再到底特律，大型车展相继“搁浅”。2020 年 3 月 30 日，受美国疫情影响，底特律车展宣布取消，车展举办场地被美国联邦紧急事务管理署征用，改建成集中收治病患的方舱医院。

随着疫情日益严峻，日本 8 家汽车企业都已宣布暂停日本国内的汽车生产，丰田汽车还相继叫停了南非、埃及等地工厂的生产。丰田公司总裁兼首席执行官丰田章男表示，日本真的处于危机状况，如果感染人数进一步增加导致医疗体系崩溃的话，日本汽车企业可能无法恢复。

特斯拉和SpaceX的首席执行官（CEO）埃隆·马斯克（Elon Musk）算个另类，在疫情中喜事连连，不仅得子，公司股价还节节攀升。电池续航能力的提升，让新能源汽车势不可当。2020年4月29日，他在特斯拉财报电话会议上抨击居家令，称其为“法西斯主义”，并将其比喻为“强行将人关在家里”。

美国网友当即回怼：许多亿万富翁希望每个人都能早点回去工作，这证明了一件事，而且只有一件事——他们没有赚到钱。

美国经济称雄全球最关键的引擎不是汽车和飞机，而是另外两样东西。

一个叫技术创新，靠创造驱动——这个理科生主导的事业在全球产业链长期稳居最顶端，在“二战”以后不断扮演世界产业革命的引领者。

另一个叫文化产业——这个文科生主导的事业，靠创意驱动在全球市场挣得盆满钵满，还不断输出美国价值观，即所谓国家软实力的构建。

这两类公司云集的加州，自然成为美国当仁不让的GDP大户。当然，在新冠疫情暴发后，来自硅谷的创新企业无一幸免。

2020年3月5日，硅谷高科技公司员工陆续开始在家工作。

3月16日，旧金山湾区县市发布庇护所（shelter-in-place）命令。

3 月 19 日，加州州长纽森发布全美第一个居家令。

在疫情面前，这些创新公司体现了比传统企业更旺盛的生命力和更好的发展前景——它们都在努力保留雇员的饭碗。为渡过难关，谷歌公司决定削减一半的营销预算，冻结多个部门招聘活动，并撤销了很多员工的技能培训资源。随后，为了进一步降低运营成本，谷歌公司宣布取消了在家工作员工的多项免费福利，包括午餐和健身。

相比起来，美国文创行业遭遇了更大的冲击。商业分析师称，如果没有疫情，2020 年上半年，全球仅影视娱乐行业就可以创造 2.32 万亿美元的收入。但是，疫情让所有的预测成为泡影。

到 2020 年 3 月 13 日，分布在全球的 6 个迪士尼乐园全部关闭。这些乐园每年平均吸引超过 5200 万名游客，是世界上访问量最大的度假胜地，也是这个崛起于 20 世纪 30 年代大萧条时期的全球娱乐业霸主关键盈利来源之一。

随着疫情暴发，拥有 20 万员工的迪士尼公司宣布，停止向 10 万余名员工支付薪水，部分高管被降薪。2020 年之后，股价持续暴跌，市值蒸发至少超过 800 亿美元。

在疫情暴发后，美国影视行业已经超过 10 万人失去了工作。根据联邦数据统计，除了剧组工作人员外，全美另有 17 万名演员、导演、拍摄团队成员处于待业状态。最大的影院连锁机构美国电影院线（AMC Theatres）股价已经下跌 50%，电影运营商喜满客影城（Cinemark）的股价下跌 70%。

一系列砸下重金的大片上映时间被迫推迟，更多的影视作品则陷入被迫停工的窘境。影视业原本平均一天至少可以赚 10 万美元，现在被迫叫停两个月，足以让单部电影预算增加两成以上。

华纳兄弟公司对媒体透露，疫情之后，涉及亲密接触的爱情线可能都要被删掉，如果是打戏，可能要用特效来确保社交距离。

疫情虽让娱乐圈损失巨大，竟意外地让一些香艳、暴力的影视作品不得不变得纯洁天真。

股　神

决定美国经济全球影响力的根本是金融。所以，最后请出“股神”巴菲特（Buffett）登场，以一个挫败者的姿态。

当退潮的时候，你才会发现谁在裸泳。但当病毒来的时候，连“股神”都没有来得及穿衣服。当时 89 岁的巴菲特说：“我们买了这四大航空公司（美国航空、达美航空、西南航空、联合航空），70 亿–80 亿美元的钱投进去，现在想拿出来，这是我们的错。”

我很喜欢他坦然面对失败的样子。宛如一个《老人与海》的财富版传奇——海明威一直在追求一种真正意义的美国精神：在一个充满动荡的岁月，哪怕被命运逼至绝境，也要保持体面。

早在 20 世纪 80 年代，社会学家艾伦·布鲁姆（Allan

Bloom）就已向大众揭示：一向被人们视为具有开放精神的美国，它的思想和文化正在走向封闭。

“一个人可以被毁灭，但不能被打败。”

巴菲特生于1930年，经历过上一个经济大萧条时代。他说：“1929年，美股在大萧条期间崩溃。当时，汽车、家用电器、飞机等现代产业可谓蓄势待发，但道指在很短时间内下跌48%。但是，没有什么能从根本上阻止美国，美国奇迹、美国魔力能够战胜一切，这一次也不会例外。”

巴菲特曾经这样总结自己成功的三个秘诀：第一，尽量规避风险，保住本金；第二，尽量规避风险，保住本金；第三，坚决牢记第一条和第二条。

1999年，正值上一轮互联网泡沫高潮，巴菲特在著名的太阳谷聚会上说：“短期内，市场是投票器；长期看，市场是称重器。重量最终才是有价值的，但短期内，数量最重要。”

当时，很多人认为钟情于企业长期业绩的巴菲特老了，在为自己错过互联网繁荣找理由。

这个巴菲特传记中的段落深刻地影响了我。此后多年，无论中国创新创业在舞台上多么风云变幻，我一直对在各种堂会上放着PPT，嘴里念念有词说着自己都未必理解的新概念的演讲者高度警惕。他们目光如炬、志向远大、言辞铿锵，但唯独最后往往以口号代替了盈利模式。

以　后

相对于巴菲特的钱，我更关注他这个人。

社会上太多人相信，在当代社会，只有把钱当成信仰，并全力以赴地追逐，还得需要点运气，才有机会成功。无论你带货投资卖保险，或者仅仅是一个成功学老师，甚至刚刚从大学老师转型为心灵鸡汤的烹制高手，你朋友圈所有人都是最初的客户，要为他们创造价值，以便激发他们为你创造更大的价值。

在一个重商且游戏规则需要依法完善，配套的社会价值和信仰有待重构的时代，无论“前浪”还是“后浪”，浪得起来的人往往都是会割韭菜的人。他们的代表人物都找巴菲特吃过饭，都获得了异乎寻常的媒体关注。

看在钱的面子上，巴菲特认真地陪这些中国财富新贵聊天吃喝，戴着他那副厚厚的眼镜，淡蓝色眼球透着温和而深不可测的光芒。他不缺钱，他把中国商人支付的昂贵朝圣费用交给慈善机构，或许耄耋之年的“股神”更想能够清晰地听到上帝的声音。

巴菲特家族有浓烈的清教徒色彩，移民美国后经过奋斗过上了富足的日子，这个家族的男性多喜牧师般布道，并将这个特长传给了生于大萧条时代的巴菲特。

我很喜欢巴菲特投资理念并获得成功的故事，以及支撑这个故事背后所必需的制度体系。这是中国快速成长的资本市场需要借鉴和学习的要点。

备受金融海啸冲击的美国，在 2011 年爆发的震撼全球的“占领华尔街”运动，那些不满大企业的贪婪、社会分配不均的声音，以及托马斯·皮凯蒂（Thomas Piketty）在《21 世纪资本论》（*Capital in the Twenty-First Century*）中对自由市场经济中资本收益远远大于劳动收益的关切，都值得我们为推动法治的市场经济做出不懈努力。

在中美博弈的大背景下，中概股回归是未来必然发生的故事。但是，发生在瑞幸咖啡公司身上的财务造假以及支撑这种造假背后的浮躁商业氛围，缺乏技术含量的所谓商业模式创新以及背后的监督缺位，最终成为递给西方阻断中国企业通向全球资本市场的一把锐利的刀，是值得检讨和反省的。

诚然，我们今天坐拥全球最大市场和最具购买力的消费者以及最被看好的发展前景，但这都不是骄傲的资本。我们更应该清醒地看到，金融推动企业创新方面与西方国家的差距，更不宜把一些可以激发自身更好发展的机遇变成盲目宣泄情绪的怒火。

少提一些“狼性”，从远古开始，狼就不是地球的主人，不管多么能战斗。

全球最大的油管（YouTube）视频网站上，有很多来自中国内地的博主——据说李子柒也是在这里红起来的。

一个数学老师在讲期货，紧接着一个大厨在教你做米其林大餐；一个美女教你约会的技巧，再接着是一个名为中国刑事大案的法治视频……这些视频丰富多彩，生机盎然，其实都是为了吸引眼球，多挣些钱。

人生的价值不在于你现在身处的位置，而取决于你面朝的方向。疫情终将结束，巨变后的世界会留给“后浪”们充分展示才华的空间。你的价值观最终决定你未来走多远——那些不变的法则和规律会决定商业的终极命运。

▲一名男子在洛杉矶市中心，因私自售卖可重复使用的口罩而丢掉了工作。

▲2020 年 3 月 13 日，由于疫情爆发引起恐慌性抢购，纽约曼哈顿一家超市的货架空空如也。

▲2020 年 3 月 23 日，圣地亚哥市长颁布了因疫情关闭公共场所的命令。2020 年 3 月 25 日，一辆警察巡逻车停在圣地亚哥海滩停车场上。

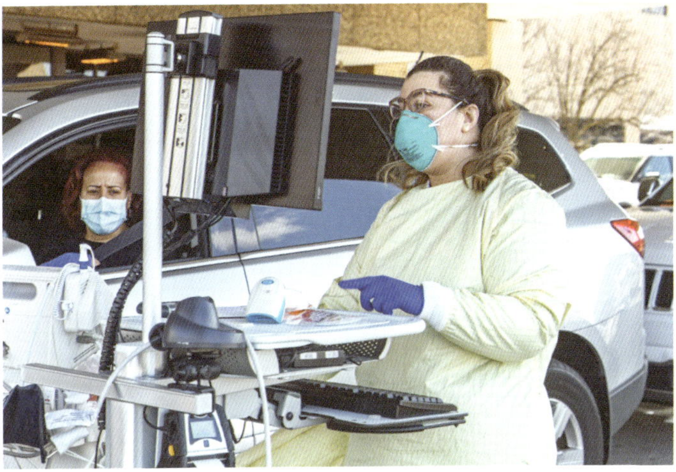

▲2020 年 3 月 17 日，在密歇根州的博蒙特医院外，医生正紧张地进行新冠肺炎病毒测试。

▲疫情期间，美国疾病控制及预防中心职员正在紧张地工作，他们都没有佩戴口罩。

▲2020 年 3 月 29 日，加州洛杉矶会议中心，新冠肺炎救援机构联邦医疗站设立在加州洛杉矶会议中心，数百张病床铺满地板。

▲2020年4月1日，疫情期间，美国人的标语。

▲美国马萨诸塞州的法尔茅斯，人们在海滩上发出针对新冠肺炎病毒的警告，要求人与人的距离至少在6英尺，聚集人数不超过10人。

▲普罗温斯顿市强制佩戴口罩的标志，“为了防止新冠肺炎扩散，在商业区必须24小时佩戴口罩”。

▲2020 年 3 月 28 日，弗吉尼亚州诺福克海军基地，时任美国总统特朗普在海上医疗船“舒适号”启航时发表演说。

▲2020 年 4 月 22 日，福奇在白宫举行的新冠肺炎疫情通报会上发表讲话。

▲纽约街头，两位参加越南战争的美国老兵不顾疫情传播，坚持一年一度的聚会。

▲特殊时期的特殊商品陈列在纽约州商店的橱窗里，侧面反映了美国疫情的严重性。

▲2020 年 4 月 6 日，夏威夷国民警卫队第 299 骑兵团第一中队正在对出境旅客进行体温测试。

▲2020 年 7 月 15 日，得克萨斯州奥斯汀公共卫生部的医疗人员终于穿上防护装备，他们在东区公园进行新型冠状病毒肺炎的筛查工作。

▲2020年6月6日，宾夕法尼亚州纽镇，人们高举标语“黑人的命也是命”，为乔治 · 弗洛伊德的被杀进行抗议。

THE PEOPLE UNITED WILL
STOP RACIST POLICE BRUTALITY
PARTY FOR SOCIALISM & LIBERATION | WWW.PSLWEB.ORG
PSL
AM I NEXT?
ALL LIVES CANT MATTER
THIS IS A REVOLT AGAINST RACISM
ABOLISH THE POLICE
BLM ICE WE ARE COMIN' FOR YOUR ASS TOO
MERCHANDISE CAN BE REBUILT BLACK LIVES CAN'T
BLACK LIVES MATTER

▲疫情期间，一位失去工作的音乐家在街边弹琴。

▲疫情期间，一位年轻的母亲带着孩子离开学校。

▲2020 年 11 月 28 日，在费城普鲁士国王购物中心，一个小女孩与戴口罩的圣诞老人交流时保持着一定距离。

▲位于纽约市科尼利亚街上的一家法国餐厅外，人们在疫情流行期间依旧毫无顾忌地聚餐、交谈。

▲2020 年 7 月 17 日，美国得克萨斯州奥斯汀，顾客在达特碗球馆享受最后一个保龄球之夜。由于疫情造成的经济困难，这家已经开业 64 年的球馆马上要关张歇业了。

▲疫情期间，人们尽情享受着派对。

▲新冠肺炎大流行并没有阻止人们出现在公众场合。

▲新冠肺炎在美国大流行期间，纽约曼哈顿的快递员依然接受送花业务。

▲2020 年秋天的纽约，游客们纷纷来到时代广场，此时他们乐观地认为新冠肺炎疫情正在消退，或者说至少已趋于平稳。

▲2020 年 11 月 14 日，许多高中女生佩戴着口罩进行全国跑步比赛。

深　度

中美会脱钩吗？

西方塑造东方的策略，一是贬抑非西方，将其描述为西方社会的史前阶段；二是拔高西方，将其美化为文明的传播者，对于东方的描述不是为了追求对其真实的认知，而是为西方以强侵弱寻找理论支持。

——爱德华·萨义德

对 抗

如果说，小说中的堂·吉诃德（Don Quixote）发动的一场与风车的战斗充满荒诞，那么，特朗普发动的这场与口罩的战斗则更离经叛道。

2020 年 5 月 18 日，美国新冠疫情确诊人数突破 150 万大关，死亡人数超过 9 万。没有任何迹象表明，疫情达到了可以让公众放心回归社会的拐点。但政客们的耐心已经消磨殆尽，失业人数增加和经济萧条诱发的社会不安定因素日益集聚。

为给美国民众打气，特朗普也是拼了。直到 5 月 6 日外出飞往亚利桑那州视察一家口罩工厂时，他才勉强戴一副护目镜，猛一看仿佛老年超人。出发前他曾说自己会戴上口罩，但最后没有这么做。特朗普不断地鼓励自己的粉丝们将自己视为“勇士”，并敦促美国推动经济重新开放，颇有些“二战”末期日本神风敢死队动员令的意思。

特朗普说：“我们不能未来3年都坐在房子里。”

岂无父母在高堂，亦有亲情满故乡。我不敢轻信特朗普，一是没做好客死他乡的准备，二是孩子尚年幼，离不开爸爸，我仍坚持每天“非必要不出门”，除了间或为生计所迫不得不全副武装去趟超市。偶尔冒险去趟附近的公园，没想到里面好多人，拖家带口就是不戴口罩，感到美国不仅有“大无畏”的总统，还有一大帮“视死如归”的群众。

病毒专治各种不服，终于攻克白宫。在副总统彭斯最终为自己不戴口罩视察诊所的行为道歉后，他的新闻秘书、特朗普助手和一名白宫保安特勤局探员等人先后确诊，而特朗普自己和夫人梅拉尼娅在10月份确诊感染新冠肺炎病毒。

2020年5月11日，特朗普表示所有进入白宫西厢办公室的人都需要戴口罩。白宫经济顾问凯文·哈塞特（Kevin Hassett）在《面对国民》节目上说：“上班是件可怕的事。”

四天后，特朗普女儿伊万卡在访问马里兰州一家食品分销商时，戴上了一个绣着美国国旗的口罩。

特朗普与口罩的较量在白宫最后变成了一个人的战斗。他的支持者撰文宣称：“特朗普实际上做的是在美国需要强大领导才能的时候投射出美国的强健。”文章认为，一张特朗普戴口罩的照片“将传达一个信号，即美国对来自中国的无形敌人如此无能为力，甚至连其总统都得躲在口罩后面”。

其实，中国人不怎么关心美国总统戴不戴口罩，倒是美国防疫专家们对特朗普无视公共健康展开了猛烈炮轰。

2020 年 5 月 12 日，白宫新冠病毒工作队医疗专家福奇在线上向参议院卫生委员会发表了冠状病毒证词。他强烈警告不要过于激进地重新开放，并表示这可能会导致“不必要的痛苦和死亡”，还会“让我们在要求重启的道路上倒退”。福奇称，死亡人数“几乎肯定”高于已知数字。

一个佐证是，华盛顿大学健康指标与评估研究所（IHME）当时预测指出，至 2020 年 8 月的第一个星期，美国将有超过 14.7 万人死于新冠肺炎，比上次预测数据多 1 万人左右。

插　曲

2020 年 4 月 27 日，一个由多家保守派团体组成的名为“拯救我们的国家（Save Our Country）”的联盟成立。联盟领导人之一斯蒂芬·摩尔（Stephen Moore）是美国著名的保守派经济评论员，他不仅是特朗普在 2016 年的竞选顾问，也是白宫应对新冠疫情经济顾问团队的成员。

摩尔说，如果继续停止经济活动一到两个月，美国将进入大萧条，这不仅会摧毁众多民众的生计，还会造成成千上万的人因吸毒、心脏病、抑郁症等跟经济受挫有关的问题而死亡。

摩尔相信，如果践行戴口罩、保持社交距离等行为准则，是可以兼顾经济复苏与疫情控制的。他说："我给你举一个例子。美国最了不起的公司之一是联邦快递，它在美国有大约 35 万名员工，在世界各地还有大约 10 万名员工。这些员工中只有1/1000的人染病，比那些待在家里的人的感染率还要低。"

一场特朗普全力推动，波及全美各州，事关千万美国人切身利益的权力与专家的较量，正在全面展开。

2020 年 5 月 15 日，洛杉矶郡重启部分经济，据美国广播公司报道，仅在 5 月 16 日这一天，洛杉矶郡新增新冠肺炎确诊病例超过 1000 例，几乎占整个加州新增确诊人数（2244 人）的一半。

有个插曲耐人寻味：2020 年 5 月 11 日，洛杉矶郡治安官表示，当地一所监狱内的多名囚犯试图故意感染新冠肺炎病毒，以求获释回家隔离。在发现这一事件后的一周内，已有 21 人确诊。监控录像显示，有多名在押囚犯聚集在饮水机周围共用一个杯子喝水，并且一起"闻"一个口罩。治安官还称，有囚犯在体温检测前会多喝热水，试图提升自身体温。

2020 年 5 月 12 日，洛杉矶郡公共卫生部门负责人芭芭拉·费雷尔（Barbara Ferrer）博士表示，洛杉矶郡可能会将原定 5 月 15 日结束的居家令延长至少 3 个月。

第二天清晨，洛杉矶市市长埃里克·贾西提（Eric Garcetti）宣布洛杉矶将封闭到 8 月后，不到 12 个小时便遭遇公众强烈反对，他不得不出来道歉，并且一下子开放了所有的零售行业。他以这样的方式给卫生专家留下一点情面：所有洛杉矶人在出门时，都必须戴口罩。

还有一个插曲举世瞩目：2010 年 5 月 10 日，被称为“股市新贵、现金穷人”的特斯拉首席执行官埃隆·马斯克，将他位于加州的两处豪宅挂牌出售，总要价是 3950 万美元。特斯拉的股票在 2020 年累计上涨 68%，使马斯克的财富增加了 83 亿美元。“我正在把几乎所有的有形资产卖掉，”马斯克在推特上写道，“我将不再拥有房产。”

从 2020 年 3 月 23 日起，特斯拉位于加州的弗里蒙特（Fremont）工厂关闭。由于当地卫生部门反对复工，正在卖自己豪宅的马斯克威胁称，特斯拉将把弗里蒙特工厂从加州阿拉米达县迁至得州或内华达州，随即得到来自共和党的得州州长甚至总统特朗普的热情支持，并于 5 月 11 日在违反阿拉米达县禁令的情况下强行复工。

随后传出消息说，阿拉米达县已与特斯拉达成协议，将允许特斯拉尽快复工。在与权力的较量中，抗疫专家们再次败北。

细心的美国媒体发现，特朗普罔顾人命地推动复工以后，出现在白宫疫情新闻发布会上的专家从人数到频次都出现锐减。

纠　结

美国商务部消息，2020年4月，美国零售销售额较前一个月创纪录地下降了16.4%。与之呼应的是，美联储公布的4月工业产值环比下降了11.2%，这是有记录的101年以来最大的降幅。自2020年3月以来，美国超10万家小企业倒闭，全国失业率在4月攀升到14.7%。

引起美国企业界震动的坏消息是：汽车租赁巨头赫兹（Hertz）正在与债权人谈判，希望延长还款期限，避免这家有着102年历史的公司在几周内破产。

加州州长纽森表示，由于新冠病毒暴发造成的经济影响，加州的失业率会达到24.5%的峰值，并且加州政府的预算缺口达543亿美元。他说，自3月12日以来，近460万加州人申请失业救济，与金融危机爆发后的最高失业数字相比，增加了240万。经济再不解禁，政府财力扛不住了。

纽森指出，要保证新冠肺炎死亡率在每1万人中不超过1例，才能进入开放的第二阶段。

纽森还宣布，从2020年5月18日开始，无证移民（即非法移民）每个家庭最多可以获得1000美元的资助。

这不是简单地体现人道主义精神的手段，而更多地是为了经济。在加州，有逾200万名非法移民，无证移民占了劳动力的

10%，其中70%来自拉丁美洲，每年缴纳大约70亿美元的税款。

有报道称，纽约州州长安德鲁·科莫签署了一项行政命令，将2020年5月15日截止的“暂停令”延至6月6日。但是，随后又有报道出来辟谣。纽约州两个月失业总人数排名第二，自4月中旬以来的一个月，纽约每周新增的失业人数基本保持在20万人，没有加速也没有减缓。

从2020年5月6日起，每天的凌晨1点到5点，纽约市大都会运输署（MTA）开始执行科莫州长的关闭4个小时的命令。这标志着在经历了115年24小时不停歇的历史之后，纽约地铁首次停运，迫使2000多名无家可归者流落街头和公交车上。

5月7日，哈佛医学院教授约翰·罗斯（John Ross）博士发布了一个耐人寻味的报告：确诊人数增长最快的10个县里，有9个县都在2016年投票支持特朗普。

伴随着抗疫进入下半场，美利坚行走在一条惊险的钢丝之上，一边连接着众多无辜的生命，一边连接着美国人继续生活的渴望。

在贸易方面，69%的受访者赞成特朗普对华的强硬贸易立场。此外，71%的受访者认为，在疫情危机过后，美国制造商应撤出中国。

研究公司荣鼎咨询（Rhodium Group）和美中关系全国委员会（National Committee on United States-China Relations）的一份报告显示，2020年第一季度，新宣布的中国对美直接投资项目的价值下降至仅2亿美元，远低于2019年的平均每季度20亿美元。

即使呼吁脱钩的声音高涨，美国经济界也始终存在不同的声音。

2019 年 10 月，美国三分之二的大企业负责人认为不可能与中国切割脱钩。直到 2020 年 3 月，特朗普将疫情责任甩锅给中国，这个比例才下降到 44%。

美国企业界的一个共识是，供应链短期大规模迁离中国的代价太大。疫情暴发前，中国美国商会（AmCham China）发布的数据显示，逾 80%在华经营的美国企业没有迁移的打算，就成本、效率和可靠性总体而言，中国依然是最佳选择。此外，这些公司大多采取“中国+”策略，即保持中国现有的生产基地以服务当地市场，同时在印度、马来西亚和越南等其他国家逐渐增加投资。

据美国全国广播公司财经频道报道，美国财经观察家吉姆·克莱默（Jim Cramer）表示，特朗普有意在 3000 万人失业之际，在经济非常糟糕的情况下加征关税，完全是想重蹈 1929 年至 1933 年经济大萧条的光景。

1948 年，美国流行着这样一首歌《乘一艘慢船去中国》（*On a Slow Boat to China*）。如今，疫情下的中美经济宛如相隔太平洋遥遥相对、暂时放慢行进速度的巨轮，面对风高浪急、云谲波诡，何以冲破激流险滩，最终相向而行？

曙　光

中国是当代世界经济的火车头，拥有最广阔的市场和发展前景，又率先取得初步控制疫情的显赫战绩，所以率先浮现出后疫情时代的经济曙光在情理之中。

失去中国市场，便可能失去未来。

2020 年 4 月，中国规模以上工业增加值开始走出第一季度的低迷，同比增长 3.9%——制造业同比增长 5.0%。另一项重要指标社会消费品零售总额同比下降 7.5%，较 3 月收窄 8.3 个百分点。这一成绩好于正在与疫情鏖战的欧美各国。

2020 年 5 月 11 日上午，沃尔特·迪士尼公司（The Walt Disney Company）14 个被关闭的主题公园之一——上海迪士尼乐园向游客限流重新开放。“这是一个激动人心的早晨，”上海迪士尼度假区（Shanghai Disney Resort）总裁兼总经理乔·肖特（Joe Schott）在接受媒体电话采访时说，“隧道的尽头有曙光。”

尽管乐园的日接待量限制在 2.4 万人——不到病毒暴发前的三分之一，但米老鼠和唐老鸭毕竟重见天日了，预示着全球最大的消费市场正在逐步焕发往日的活力。

2020 年 4 月，宝马汽车在中国市场的销量跃升 14%，但欧美市场销量仍在下降。还是在 4 月，丰田汽车在华销售量由跌转升，同比增长 0.2%。不过，就全球整体状况而言，疫情扩大导致新车需求骤减。同为日系的本田汽车在中国的销量减少10%，但跌幅比上月大幅缩小。本田公司还透露称，4月底在武汉的工厂已恢复正常运转。

波士顿咨询集团（The Boston Consulting Group）发布报告，悲观地预测2020年全球奢侈品销售额将同比下降1000亿美元。

2019年12月16日，法国奢侈品巨头路易·威登集团总裁阿诺特（Arnault）一度超越亚马逊创始人杰夫·贝佐斯（Jeff Bezos）以及微软创始人比尔·盖茨，以1100亿美元身价首次位居全球富豪榜首位。4月6日，受疫情冲击，集团的股价从1月中旬的峰值439.05欧元跌到339.82欧元，阿诺特身价损失约300亿美元，成为疫情之下全球富豪中的“最大输家”。

2020年5月12日，受益于中国市场的回暖，阿诺特实时身价重回千亿级别，以1096亿美元位列全球富豪榜第三位。

裹　尸

抗疫期间，一些中国产品在海外旺销，直接体现了中国制造的实力和应变速度。

最火热的爆款商品是裹尸袋。

据美国媒体4月份报道，美国联邦应急管理署（Federal Emergency Management Agency）官员证实，美国当局又订购了10万多套裹尸袋，此举是为即将来袭的第二波新冠病毒作准备，这个订单共计花费510万美元。值得注意的是，该机构在此前刚刚购买了10万套裹尸袋。

中国有媒体注意到，自疫情暴发后，一家大型购物网站国际站3月丧葬用品订单数比2月增加487%；3月20日至4月20日，裹尸袋询盘量环比增长22100%；丧葬用品流量前三位的国家为美国、墨西哥和意大利。4月25日之后，随着欧美疫情传播高峰期过去，加上救治能力的提升，死亡率逐渐趋于平缓，中国丧葬用品生产出口订单增幅才同步下降。

如果说中国裹尸袋的销售状况是反映欧美疫情变化的一个生动的风向标，那么备受媒体关注的中国义乌小商品市场则被当成美国大选的晴雨表。2016年，各种纪念宣传定制产品占压倒性优势的特朗普最终顺利入主白宫。

直到美国疫情暴发初期，由于经济发展给力，从义乌小商品市场反馈的信息表明，围绕特朗普的定制产品仍然遥遥领先。不过，当时已经有人开始推测，应对疫情的失误会让特朗普在11月败走麦城。果然，2020年11月美国大选，拜登获胜，成为美国第46任总统。

手　纸

疫情期间，口罩、手纸是检验美国商场物资供应是否充足的重要试金石。

我百思不得其解的是：为什么华人抢购口罩而美国人抢购卫生纸？有人调侃：一个首先顾上面，一个首先顾下面。

是中西文化差异还是生活习惯不同？思考了半天始终没有满意的答案。

不过，从每日更新的疫情信息来看，习惯抢购口罩并自我防护意识好的华人社区感染率始终保持较低水平。

2020 年 2 月至 3 月，海外消费者购买卷筒纸的数量同比增长 631%，湿厕纸更是暴涨 1807%。其中，澳大利亚、美国、新加坡和加拿大消费者的购买量涨幅最大。

3 月 30 日，中国的电商联合多家国产纸巾品牌，紧急调拨 1 亿卷手纸供应海外市场，可供 71 万人使用一年。

华人社区有个趣闻：北美一家好市多（Costco）卖场卫生纸被抢购一空，卖家随后贴出公告多打了个数字 5：最快要等到 25020 年 3 月 1 日才会补货。

网友惊呼：买个卫生纸竟然需要等 23000 年！

口　罩

口罩大战是疫情期间全球防疫物资角逐的主战场。

中国制造是当之无愧的王者之师。

海关总署综合业务司司长金海介绍，2020 年 3 月 1 日至 4 月 4 日，海关共验放出口主要疫情防控物资价值人民币 102 亿元，疫情严重的美国市场是主要目的地之一。

据国内媒体统计，以工商注册变更信息为标准，自 2020 年 1 月 1 日至 2 月 7 日，全国有超过 3000 家企业经营范围新增了口罩、防护服、消毒液、测温仪、医疗器械等业务。富士康、中石化、比亚迪等企业均宣布跨界生产口罩、防护服等医疗物资，以满足当时防疫前线对防护物资的紧迫需求。

据企业数据提供商启信宝的资料显示，2 月 20 日至 3 月 12 日，短短 20 多天中国内地经营范围新增口罩业务的企业达到 1.2 万家，积极生产口罩或者引入口罩生产线。截至 2020 年 2 月底，中国口罩日产量达到了 1.16 亿只，是 2 月初的 12 倍。

据投资者介绍，在口罩旺销的黄金时期，一只口罩能够赚人民币 1 元，一条生产线一天能够赚人民币近 4 万元。如果上马 5 条生产线，投资不到人民币 300 万元，一天就可赚人民币 20 万元，20 多天就可收回成本。

平心而论，自从疫情暴发以来，美国普通公众逐步意识到外出戴口罩的重要性，但由于医疗物资优先供应一线医护人员，所以市场需求一直巨大，价格一直在持续攀升。

3 月底，纽约州采购一次性手套的价格是 20 美分，而这种手套的价格通常不到 5 美分；口罩的价格则高达 7.5 美元，大约是正常价格的 15 倍；输液泵的最高采购价是 2795 美元，是正常价格的 2 倍多；一台便携式 X 光机售价近 25 万美元，而通常售价在 3 万至 8 万美元之间。

大　单

受到“股神”巴菲特青睐的全球新能源汽车巨头比亚迪获得了一个新身份——全球最大量产口罩工厂。据介绍，比亚迪在4月份已经拥有300条口罩生产线，日产量已达2000万只，同时还在以每天100万到200万只口罩的速度增产。

其中备受瞩目的一单中美口罩生意，便发生在加州与比亚迪公司之间。

生意一波三折。

2020年4月，美国加州政府和比亚迪签署了一份超过10亿美元的订单，计划在2个月内向比亚迪采购3亿只N95口罩，单价3.3美元；另外再采购1亿只医用外科口罩，单价0.55美元，并预付4.95亿美元。

随后，由于其中的N95口罩未能如约在4月30日之前取得美国国家职业安全卫生研究所（The National Institute for Occupational Safety and Health）认证，比亚迪应该退还合同预付款的一半，2.47亿美元。

此举在国内外引起轩然大波，甚至被媒体描述为中国口罩商在美国全军覆没，血本无归。

其实，比亚迪和加州政府的10亿美元订单并未取消，此研究所认证的期限已推迟到5月底。

实事求是地说，立足全球市场，结合改革开放 40 年积累的势能，像 N95 口罩这样没有太高技术门槛的产品，中国制造本应天下无敌。如果遇到出口阻力，往往会让人产生市场之外的联想——尤其在中美博弈的时代背景下。

美国食品药品监督管理局（U. S. Food and Drug Administration）表示，已将中国获准为美国生产 N95 口罩的制造商数量从大约 80 家减少到 14 家，理由是这些中国公司被发现存在大量低质量产品。

变革的阻力来自一些人无止境的虚伪、恐惧和贪婪。这是一记警钟。

灰　市

2020 年 5 月 8 日，《华尔街日报》报道美国现存的一个庞大的医疗用品灰市现状。在这个十分重要但没有政府管理的市场当中，混杂着各种合法的供应商和贸易商，以及不可信的经销商和投机者。他们都想在这个不透明且规则变化迅速的大型竞技场中，快速地捞取巨额利润。

一些经销商估算，这个灰色市场市值已经膨胀至 500 亿美元。

这篇报道指出，截至 2020 年 5 月初，美国境内市面上可供购买的口罩依然非常少，甚至类似 N95 和医用外科等口罩依然无处购买。据悉，虚拟经济膨胀、实体经济萎缩的美国面对汹涌而至的新冠疫情，医疗物资供应显然难以保障，口罩供需失衡成为美国各州和联邦政府的共同难题。5 月 7 日美国食品药品监督管理局取消了 60 多家中国制造商的销售许可资格，声称其口罩质量不合格，这令市场中的各方更加困扰不已。

其实，在漫长的全球化进程中，中美经济已经长期共存于彼此依存的产业链中，互补性强，合作空间广阔。虽说特朗普为了赢得大选高喊“中美脱钩”，并且疫情后美国乃至整个西方国家加强一些关键民生产品本土化生产制造能力是大势所趋，但中美经济合作的空间依旧巨大。

关键是干好自己的事——保证质量、提升服务、适应规则、塑造品牌。

比亚迪与加州之间的 10 亿美元的口罩生意，是一次中美经济面向未来的压力测试。

造　假

早在 2019 年 2 月，美中经济安全审查委员会（U. S. -China Economic and Security Review Commission）发布了一份报告，列出了美国三大证券交易所的中国企业完整名单。

这份报告称，截至 2019 年 2 月 25 日，共有 156 家企业在这三大证券交易所上市，总市值 1. 2 万亿美元，相当一部分企业拒绝提供会计监督委员会要求的信息。

瑞幸造假来的不是时候。

就资本市场而言，客观地说，快速走向全球的中国企业更需要华尔街。进军这个西方资本市场地标，是很多中国企业完成全球化跃升的重要一环。

截至 2020 年 5 月，美国证券市场上有 266 个中概股，市值不到 15 亿美元的有 211 家，占比 80%。

2020 年 4 月 2 日，自公布业绩造假之后，瑞幸咖啡股价较前一日收盘价 26.2 美元暴跌 75.57%，此后 2 个交易日又下跌了 15.94%和 18.4%，以 4.39 美元的价格停牌。

4 月 23 日，美国证券交易委员会（U.S. Securities and Exchange Commission）主席杰伊·克莱顿（Jay Clayton）在媒体上直言，因为信息披露的问题，投资者近期在调整仓位时，不要将资金投入在美国上市的中国公司股票里。

随后传出的消息是，关于瑞幸咖啡公司财务造假问题，中国证监会已经在配合美国相关机构进行调查。

5 月 14 日，特朗普对媒体旧话重提，声称他的政府正在非常强烈地考虑，要求中国公司遵守美国会计准则。

5 月 19 日，纳斯达克交易所通知瑞幸必须摘牌。

5 月 20 日，共和党控制的美国参议院通过法案，拟加强对中国及其他国家在美国证券交易所上市的监管——禁止中概股在不遵守美国现行审计准则的情况下来美国融资或上市。

5 月，美国证券分析人士称，短期内中概股在美国股市会受到一定冲击。为应对监管压力、降低检查风险，审计机构可能从严审计，引发中概股更多爆雷风险。在此背景下，短期赴美 IPO 企业数目将进一步下滑。

未来，中概股归国潮是大势所趋。

2020 年 5 月初，金山云通过赴美上市筹资 5.1 亿美元，成为当年中国公司在美国开展的最大规模上市交易。此后，金山云股价一度较发行价上涨了 43%。

与此同时，中国众包物流服务平台达达申请赴美上市，可能成为瑞幸咖啡财务造假丑闻后第二桩中国公司在美 IPO 大型交易。据知情人士称，达达经营着京东到家和达达零售与配送平台，此次上市可能筹资约 5 亿美元。

面对坐拥全球最大市场和最好发展前景的中概股，精明的美国投资人本应始终张开热情的怀抱。

然而，没有。

告　别

病毒是天谴。

2020 年 5 月，疫情没有结束，病毒仍在努力“接管”地球。

我们都站在时代巨变的前夜。能够熬过疫情劫后余生的人，一定会创造新的历史。

再强调一遍，病毒的敌人是全人类——不分国家、种族、肤色、地位、身份，其危险程度远超过去所有传染病，没有征服的时间表。它不顾及任何人的感受，以万物为刍狗，视生命如草芥，它的目标只是让人类分离并毁灭。宛如《圣经》中的大雷雨。

它的哲学超越国界，超越善恶，超越是非，超越美丑。

假如中美——世界当下最重要的两个国家加剧撕裂，一定会帮病毒一个大忙。

不幸的是，在特朗普执政期间，这不可避免。

各种迹象表明，中美的高科技合作项目——包括与之相关的留学等教育交流、资本市场以及国家价值相关的内容产业——譬如估值超过 1000 亿美元的中国字节跳动公司任命了来自美国迪士尼的高管担任首席运营官兼 TikTok（抖音海外版）的首席执行官，在未来会首先遭受严峻考验。果然，2020 年 7 月，美国政府开始讨论对 TikTok 的禁令。

一些旨在推动中美文化交流的孔子学院被迫关闭之后，不少与中国高校有着密切合作的高科技人才被美国联邦调查局盯上。5 月 14 日，美国司法部在官网刊登声明：美国克利夫兰医学中心（Cleveland Clinic）前雇员王擎于 13 日在家中被捕。他被指控通过“电信诈骗和虚假陈述”，从美国国立卫生研究院（USA National Institutes of Health）获得 360 万美元的拨款。王擎是中国长江学者，供职于一所位于武汉的中国 985 院校。

疫情过后，当中国企业再度启航，去找寻美国保守主义蚕食下幸存的全球化绿洲时，无视国界、席卷全球的病毒会带来意外的启示：超越意识形态、超越民族、超越制度的产品和服务或许会成为蓝海——比如 AI、知识服务、虚拟场景下的情感陪伴、数码游戏、孩子通识教育和科幻产品等，会获得长足进步。

在美国保守主义主导的时代，跨国界、跨意识形态的产品和服务成为新兴市场国家的首要标配。类似漫威电影的风行，就是一次未来商业主流文化产品的生动预演。

市场观察家认为，被视为对国家安全至关重要的部门，包括医疗用品、药品和食品等，本土稳健供应将比高效的全球供应更为重要。因此，供应链可能会越来越短，越来越分散且更为自动化。

供应链的转变显然会带动对机器人、工业软件以及自动化工厂和仓库方面的投资，这为全球自动化和机器人市场带来利好。未来几年这两个板块在全球制造业营收中所占的份额可能将从 2019 年的 1.5%上升到 6%-8%。

在脱钩的大背景下，面对各种阻力和对抗，中美之间正常的商业合作从未终止。

即使备受新冠疫情冲击，中国仍在积极履行双方达成的贸易协议。

据海关资料显示，美国农产品 2020 年第一季度的进口总额为人民币 355.6 亿元，黄豆的进口量倍增，猪肉进口量暴增逾 6 倍，棉花进口量增长 43.5%。

在美国政府去全球化——其实更多是去中国化的政策推动下，结合疫情下新技术革命塑造的新产品、新服务以及新兴商业模式的崛起，包括背后新的产业链塑造、新资本版图的形成——这个特殊历史时刻发生的所有商业变革，都是未来全球商业的一次盛大彩排，都值得全球关注。

格　局

在对《中国制造 2025》进行全面解读时，曾经担任过中国工信部部长的苗圩认为，在全球制造业的四级梯队中，中国还处于第三梯队，而且这种格局在短时间内难有根本性改变。要成为制造强国，中国至少要再努力 30 年。

据 PitchBook 数据显示，截至 5 月 13 日，只有 4 家中国创业公司是估值超过 10 亿美元的“独角兽公司”，这是 2014 年以来同期最低。

这意味着中国在向全球高端产业链攀登的路上，还有很长的路要走，还要以更谦逊宽阔的胸襟面对世界，大胆借鉴、消化、吸收人类文明的一切先进成果，核武器当然不可或缺，但仅仅靠增加核弹头的数量，很难真正完成大国崛起的目标。

美国在资本市场和高科技领域对中国高科技产业的狙击和敌意，希望激起的不仅仅是战狼般愤怒的嘶吼，而更多的是反躬自省的觉悟和奋发向上的斗志。

1993 年，美国著名学者亨廷顿写就《文明的冲突》(*The Clash of Civilizations and the Remaking of World Order*)，在地球村的概念

深入人心、全球经济联成一个紧密整体的当下，这本书近年再度广受追捧，令人关注。中国经济社会高速发展，崛起之势举世瞩目，全球传统利益格局面对又一次世纪之变，中美博弈火花四溅的背后，说明价值认同依旧是困扰深度认知与和平交往的头号难题。

未来，中国企业除了向世界输出性价比优越的产品和服务之外，还肩负着传递一个东方大国内在价值的使命。

美国暴乱背后的怒火

美国许多族裔群体在传统上是互相影响的，如果认为种族这一概念具有某种“纯粹”的同一性，那其实是将这种互相影响的方式掩盖了。

——沃纳·索洛斯

宵　禁

6月1日是国际儿童节。

我坚信大多数洛杉矶的孩子都躲在家里，战战兢兢地期盼这一天赶紧过去。手机上，来自当地政府各部门关于宵禁的警报声不绝于耳，提醒所有居民老实待在家里，有人在附近广场和街道游行示威，可能伴随打砸抢烧。

这一天，2020年6月1日，美国新冠肺炎患者逼近184万人，死亡人数迫近10.6万。

更可怕的是，手机上全是美国各地暴乱的视频。

一个社会禁忌过多，反而会逼迫民众无法无天。4月30日，在特朗普的影响下，很多视死如归的美国白人上街举行了一场奇葩反隔离游行，口号竟是“请朝我咳嗽”——当然不戴口罩。

这一闹剧涉嫌危害公共安全，但多数美国人一笑置之——疫情期间，远离无视科学的蠢人，加强自我防范，应是中美广大人民群众的共识。

现实中最大的真相是，真相往往不按逻辑出牌。人性中住着天使和魔鬼，召唤哪一位出来往往取决于制度，而不是道德。然而，一场游行引发的暴乱随后将美利坚带入可怕的深渊。

我想回家，却因为中美断航买不到机票，只好天天默念“平安是福”——疫情外加暴乱，这叫什么日子？

呼 吸

社会悲剧的发生具有突发性，但其根源却往往蕴含着必然性。

暴乱的导火线源于一次恶意执法。2020 年 5 月 25 日晚，在一家名叫 Cup Foods 的杂货店，46 岁的美国明尼苏达州黑人男子乔治·弗洛伊德（George Floyd）买了人生中最后一包烟。随后，他被警官德里克·肖万（Derek Chauvin）顶住脖子，总计持续 8 分 46 秒，最终窒息而亡。

身高约两米的弗洛伊德留下了一句遗言：“I can’t breathe（我无法呼吸）！”

这句话后来成为一场波及全美的抗议浪潮最常见的标语。

抗议或许出于公义，暴乱却没有赢家。

明尼苏达州的明尼阿波利斯和该州首府圣保罗被称为双子城。抗议事件发生5天后，这两座遍地湖泊、绿地和公园的美丽城市变成人间地狱，部分地区发生纵火、抢劫和故意破坏等恶性犯罪事件。圣保罗市长表示，那几天大约有170家商店被洗劫一空，其中一些被焚毁。Target超市宣布将关闭全美100家商店，其中明尼苏达州约有30家。明尼苏达州国民警卫队派出10800名士兵，进驻维持秩序。

截至2020年5月29日，在全美上百个城市爆发了愤怒的抗议活动。大多数示威活动开始时都是和平的，但随后变得越来越暴力，活动人士和执法者之间爆发了冲突，并洗劫了包括LV、GUCCI在内的一些奢侈品店，放火焚烧了警局。位于纽约的著名商业街第五大道也没有幸免于难——导致自6月1日起，这座世界商业之都75年来首次宣布宵禁。

至少11个州的州长启用了国民警卫队，协助镇压在很多地区演变为暴力的抗议活动。据美联社5月30日的统计数据，全美有将近1400人被捕。CNN报道说，至少16个州的25个城市实施宵禁。

在5月30日的抗议活动中，洛杉矶警方一共逮捕了398人，指控的罪名包括入室盗窃、抢劫、故意破坏、非法持枪等。警方表示，当天抗议活动中有5名警察受伤，其中2人重伤，包括1名警察被砖头砸中，颅骨骨折。

洛杉矶市长埃里克·贾西提随后表示，5月31日晚上8点到6月1日上午5点30分，洛杉矶再次实行全市宵禁，禁止居民上街。洛杉矶市警察局在推特上警告，所有的居民都必须待在家里、室内，不准出现在街道上。不过在贾西提宣布这一政策的时候，洛杉矶的圣莫妮卡（Santa Monica）仍有大批示威者置若罔闻，游行照样继续。

阴　魂

美国自1776年建国后不到一个世纪，虽说林肯总统发表了《解放黑奴宣言》，并带领北方联邦军队经过四年浴血奋战，击败了支持畜养黑奴的南方军队，种族歧视的阴魂仍在美国社会挥之难去。

1865年4月14日，在首都华盛顿福特剧院射向林肯总统的致命子弹，便宛如一记尖利的警钟声。

近半个世纪以来，尽管法治有所完善，社会也在进步，种族歧视引发的伤亡惨重的暴乱事件在美国依旧层出不穷。关于自由、平等和对个人主义的坚定捍卫与社会中黑人的实际遭遇之间，存在一个“美国困境”，这一直以来是美国政治生活中最大的难题。

1962年，密西西比大学发生的那一场骚乱，至今让人心悸。美国公立学校废止种族隔离8年后，一名从军队退役的黑人男子詹姆斯·梅瑞狄斯（James Meredith）申请就读密西西比大学。在全美有色人种协会、总统肯尼迪、联邦司法部、法警和军队的协助下，他最终冲破阻力获得入学资格。9 月 30 日傍晚，联邦司法部副部长和几百名法警护送梅瑞狄斯从学校西门进入。当地种族隔离主义分子闻讯聚集校园，与法警爆发冲突，后者发射催泪瓦斯。联邦军队奉命增援，深夜突入校园，黎明前平息了骚乱。冲突期间，一名法国记者和一名围观者被打死，约 200 人受伤，200 多人被捕。

在暴乱发生后的第二年，美国黑人民权领袖马丁·路德·金（Martin Luther King）发表了著名的演说《我有一个梦想》。

在经历了 1967 年底特律骚乱（事件造成 40 多人死亡，约 400 人受伤，7000 多人被捕）后，1968 年 4 月 4 日，马丁·路德·金在田纳西州演讲时遇刺身亡。从 4 月到 7 月，美国 110 多个城市先后爆发示威、骚乱和暴力冲突，造成总计 31 人死亡。

1992 年 4 月 29 日至 5 月 2 日，美国洛杉矶爆发了被称为 20 世纪影响最大的种族骚乱，63 人死亡，经济损失超过 10 亿美元。骚乱的导火线是白人警察殴打黑人罗德尼·金（Rodney King），法庭判定警察没有过度使用武力并无罪释放，随即激起众怒。一天之内，骚乱蔓延至近 20 个州。加州州长随后宣布洛杉矶进入紧急状态，时任总统老布什派 4000 多名国民警卫队队员进城平息暴力，由参谋长联席会议主席鲍威尔（Powell）亲自指挥。

在 20 多年没有出现全国性骚乱后，2013 年发生了佛罗里达州桑福德骚乱，2014 年发生了密苏里州弗格森事件，都是由黑人在警察执法过程中丧生而涉事警察都安然无事造成的，引发全美许多城市民众抗议示威，有些地方演变成暴力骚乱。

2015 年，游行集会者在弗格森警察局等机构前抗议示威，打出“黑人的命也是命（Black Lives Matter）”的标语。

2008 年，美国诞生了第一位黑人总统奥巴马。他在 8 年任期内，就美国在立法和行政层面对警察执法的监督和警民关系改善方面做了一些努力，美国国内贫富矛盾和种族矛盾得到一定程度的缓解。

2016 年，被《时代周刊》称为“美利坚分裂国总统”的特朗普意外胜选，将美国社会阶层撕裂、种族对立的情绪点燃。直到 2020 年疫情暴发期间，明尼苏达州非洲裔男子乔治·弗洛伊德被白人警察膝盖锁压致死，美国社会的愤怒烈焰再度喷发。

据 CNN 报道，美国黑人政治评论员巴卡利·塞勒斯（Bacary Sellers）在新闻节目《New Day》采访中声泪俱下：“在这个国家做黑人太难了，因为你的生命不被重视。”

在发生弗洛伊德案的双子城，媒体注意到 2019 年白人的失业率不到 4%，非洲裔高达 10%。

甚至疫情都在佐证美国对黑人的歧视。3 月，美国芝加哥市长洛里·莱特富特（Lori Lightfoot）通报了新冠肺炎患者的死亡数据，非洲裔美国居民的死亡率是白人居民的 6 倍。很多人无比清晰地感知一切，却无力改变。

白　宫

骚乱爆发并在全国失控后，特朗普再次以实际行动证明，他或许对推动经济发展有独到见地，但对于社会管理尤其是危机管理，是一个地道的门外汉——这也折射了疫情失控外加暴乱袭击之下，美国人民是多么不幸。

尽管特朗普经常坐在位于白宫附近的林肯纪念堂里，接受他唯一喜欢的 FOX（福克斯）电视台采访，他也注定成不了努力愈合国家伤口的林肯。

战胜病毒和暴乱都需要领导人体现理性、包容和有凝聚力的一面，但特朗普情绪化严重，其强项不过是让喜欢自己的人疯狂，而对不认同自己的人用推特“怼死”。

为在民调开始落后于拜登的窘境下拼下 2020 年 11 月的大选，特朗普的胜负手还是经济。于是，在美国城市打砸抢烧的高潮期，他与同样不喜欢戴口罩的副总统彭斯来到了佛罗里达州卡纳维拉尔角肯尼迪航天中心。

美国东部时间 2020 年 5 月 30 日下午 3 点 22 分，SpaceX 的猎鹰 9 号火箭成功发射，将太空人鲍勃·贝肯（Bob Behnken）和道格·赫利（Doug Hurley）送入太空。

这次发射，开启了商业太空旅行的新纪元。全球很多人围观了发射直播。

这首先是天才创业家埃隆·马斯克的胜利，他声称只有在美国社会才能发生这样的奇迹。当然，发射对提振当时美国民众的信心有很大作用。

事后，在中国自媒体上，一张马斯克在发射现场亲切会见美国主要领导人特朗普等人的照片广为流传。

当晚，备受鼓舞的特朗普通过推特赞扬国民警卫队，并趁机贬低来自民主党的明尼阿波利斯市长。他说："国民警卫队被调派到明尼阿波利斯市去做民主党人市长不能做的事情。应当在两天前就动用警卫队，就不会有破坏，警察署也不会被占领和毁坏。国民警卫队做得好。"

但正如甩锅给中国不能战胜新冠肺炎病毒一样，甩锅给民主党也无法终止暴乱——特朗普的高压言论甚至进一步激化了社会矛盾。

5 月 28 日，特朗普在推特上发了一条充满火药味的推文。其中写道："这些暴徒正在羞辱对乔治·弗洛伊德的怀念。我不会让这种事情发生。我刚刚和州长蒂姆·沃尔兹（Tim Walz）交谈过，我告诉他军方会支持他。不管任何困难，我们都会控制。但是，当抢劫开始时，我们就会开枪。谢谢！"

不料，推特竟屏蔽了特朗普这条推文，在其上添加了一个"公共利益通知"，称其违反了该公司禁止美化暴力的规定。随后，特朗普猛烈抨击推特扼杀言论自由并签署行政命令予以报复。

5 月 29 日，知名歌星泰勒·斯威夫特（Taylor Swift）在社交媒体上发文，炮轰特朗普："在你整个总统任期内，在煽动白人至上主义和种族主义的火焰之后，你还有胆量在威胁暴力面前假装道德优越感吗？抢劫开始之时，就是枪响之时？11 月就把你投下去！"

和女明星打嘴仗是特朗普的强项，他只会兴奋不会害怕。但面对真玩命的广大群众，特朗普还是决定三十六计走为上计。

5 月 30 日晚上，有近 1000 名抗议者包围白宫，并与特勤局特工、哥伦比亚特区警察和公园警察发生冲突。示威者向警察投掷烟花和玻璃瓶，执法人员则用警棍和胡椒喷雾还击。此前一天，缺乏足够警察和军队保护的特朗普藏身白宫用于躲避核攻击的地堡近一小时——上一次启用地堡可追溯至 2001 年"9·11"事件袭击当日，时任副总统切尼（Chaney）曾进去避难。

建于 1816 年，距离白宫一步之遥的圣约翰教堂地下室，在暴乱中被付之一炬。

事后，特朗普再放狠话，如果他们冲破路障，"迎接他们的将是最凶恶的狗和最凶狠的武器"。

分　歧

涉事警官德里克·肖万在事发后被解职，5 月 29 日被逮捕，以"三级谋杀罪"和"过失杀人罪"被起诉。一旦罪名成立，他将面临最高 25 年的监禁。

乔治·弗洛伊德的家人和律师表示，逮捕肖万是向正义迈进了一步，但希望对肖万以“一级谋杀罪”起诉，并希望看到其他几名涉事前警察被逮捕。

还有一个关键分歧出现在乔治·弗洛伊德死因的鉴定上。此前官方的鉴定结果表明，潜在毒品和健康问题可能导致了他的死亡。6月1日，死者家属律师宣布的独立尸检结果是外力压迫导致的窒息性死亡。

另外，据美联社报道，在19年的警察生涯中，44岁的德里克·肖万涉及两宗警员开枪事件，且遭到近20次投诉。

网上有文章披露，被美国主流媒体描绘成“善良好心”的乔治·弗洛伊德40岁前曾9次被捕后起诉，其中6次罪名成立被判入狱，前后服刑8年。

由此可见，面对一个凝聚了强烈公众情绪的恶性公共事件，保持零度情感的客观理性陈述，不被“选择性真相”误导，是多么艰难。

军　队

2020年5月30日，特朗普发推特声称，“美国将认定极左翼激进势力ANTIFA为恐怖组织”。这个说法得到美国司法部长威廉·巴尔（William Barr）的积极回应。位于事件风暴眼、民主党控制的明尼阿波利斯市政府则认为，白人至上团体和一些毒品犯罪集团也很有可能在纵火事件当中扮演了重要的角色。

显然，无论极左还是极右，都是破坏社会稳定的暗黑势力——在这一点上，中美应达成共识。

暴乱发生后，美国各地部署了约5000名国民警卫队成员，另有2000人整装待发。

据媒体报道，面对因疫情和暴乱进一步撕裂的美国，特朗普将希望寄托在军事行动上。于是，美国国防部罕见启用了《暴乱法案》（*Insurrection Act*），下达动员令，派遣陆军宪兵至明尼苏达州，接获命令的士兵须在4小时内完成部署准备。美国国防部这次动用的《暴乱法案》设立于1807年，提供美国总统在境内部署军事部队以镇压不法行为、暴动和叛乱的需求。

据了解，这是在1992年非洲裔男子罗德尼·金遭警方执法过当一案引发的洛杉矶暴动后，近30年来首度采用该法案。

和　解

能实现美国种族长久和解的，绝不是对准示威者的枪口，而是不同肤色的人结束仇恨，彼此理解尊重，实现内心的和解。

据CNN报道，马丁·路德·金的女儿伯妮丝·金（Bernice King）表示："我们不能再像之前这样，在我们的国家做这种事情了，我们必须一次并永久地解决这种系统性种族主义及白人至上主义问题。但我认为，唯一能做到这一点的只有通过非暴力手段，这是被证实有效的一种方法。”

以“做就对了”（Just Do It）著称的耐克公司，在美国非裔男子遭白人警察压颈丧命引发抗议后，推出广告口号“别这么做”（Don’t Do It）。这家公司呼吁大众：“不要转身不理会种族歧视行为。不要接受夺走无辜性命的行为。不要再找任何借口。不要以为这不会影响你。”

在加州圣克鲁斯，警察局长安迪·米尔斯（Andy Mills）和抗议者们一起单膝下跪——这不是向愤怒的人民低头，而是向正义与和平屈膝。米尔斯在自己的推特上写道：“这是一场非常和平的抗议活动的一小部分。黑人的生命很重要。”密苏里州堪萨斯市的两名警察——一位白人和一位黑人，被拍到高举写着“结束警察暴力”的牌子。在北达科他州法戈市，一名警察与抗议组织者握手，同时举着一个写着“我们是一个种族——人类”的牌子。

一位网友评论道：“我喜欢这些。”

在抗议最激烈的明尼阿波利斯第三区，出现了一位“蜘蛛侠”，他每天都会来到留下了烧焦车辆、破碎玻璃以及涂鸦、垃圾和废墟的街道，默默擦拭、打扫、清理和修复。每天清晨，在美国有数千名类似“蜘蛛侠”这样的志愿者伴着升起的太阳走向城市街头——这是公民，又名“希望”。

美国纽约州州长科莫在谈到警察暴力执法时表示，这不是个案，除非是瞎了或拒绝承认事实，在我们的刑事司法制度中，存在令人憎恶的不公正现象。

美国首位非裔总统奥巴马在演讲中呼吁“治愈而不是仇恨”，并认为“愿望必须转化为具体的法律和制度惯例”，并强调未来“选举合适官员的重要性”——如果美国人不能再度选择一个黑人当总统，就选择一个当过黑人总统副手的白人吧。

华　裔

在现代社会，如果没有公正的法治捍卫，没有全民信仰并努力践行法治的渴望，所谓的平等和尊严最终都会变成空中楼阁。

根据视频显示，当身高两米的弗洛伊德被白人警察压颈窒息时，亚裔警官邵都（Tou Thao）就站着默默旁观，直到弗洛伊德最后停止挣扎。

需要提醒的是，亚裔尤其是华裔在美国的社会地位普遍不如黑人。在特朗普再度提出“中国病毒”后，华人在一些社区处境变得更加艰难。

据美国纽约州劳工部的一份报告显示，截至 2020 年 4 月 11 日前的一周，该州亚裔美国人失业申请数量同比增长 10210%，是所有种族中增幅最大的。

另据媒体调查，在美国少数族裔中，500 万名华裔参与政治、融入主流社会意愿最淡薄。在 1943 年《排华法案》废除 77 年后，在闭环的中国城和华人社区里，很多华人长期在自己的小圈子里靠卖保险、卖房子和开餐馆为生。

伴随着特朗普大力推动中美脱钩政策，新一轮排华浪潮暗流涌动，此次黑人为争取平等地位在美国掀起的狂飙运动，能唤醒多少沉默的华裔围观者？

我所在城市的华人社区里，有枪的居民都组建起网络社群，对变幻莫测的随时可能逼近的危险严阵以待。

林肯说：“我走得很慢，但从不后退。”

美国人和美国人的战争

美国人变得更加物质主义，不再考虑其他人的感受，从利他主义逐渐变成利己主义，而最初的道德准则也变得越来越模糊，他们认为道德是为宗教领袖和星期日的祷告保留的。

——约瑟夫·斯蒂格利茨

200 万

“I can’t breathe（我无法呼吸）！”

这句话和 COVID-19 一定会是美国 2020 年的关键词。

在 46 岁的黑人乔治·弗洛伊德被 44 岁的白人警察德里克·肖万锁喉跪杀一个多星期后，一场波及 100 多个城市的抗议活动仍在全美继续。

好消息是：示威者在警察和军队的看护下逐步告别暴乱，回到了和平示威的轨道。

坏消息是：这些被疫情憋坏了的示威者在游行中普遍不戴口罩，不遵守社交距离，彼此亲密无间地搂抱，还频繁地与警察一起下跪、拥抱——病毒也喜欢警民如此一家亲。

进入5月下旬以后，美国新冠肺炎传播增幅已有趋缓迹象，不料这一场游行又增添了极大变数。

美国疾控中心主任罗伯特·雷德菲尔德（Robert Redfield）6月4日在众议院听证会上称："我确实认为，这可能不幸地成为一次播种（病毒）的事件。"

6月8日，全美新冠肺炎患者人数突破200万大关，死亡人数早已越过11万的门槛。

还有一个备受刺激的消息是：6月6日零时起，北京市突发公共卫生事件应急响应级别调整至三级。从6日起，武汉人民可以进京且不用隔离14天了，我这个朝阳群众已滞留美国4个多月，做梦都想回京隔离却不得——想想全美还有近40万名留学生做伴，唯有一声叹息。

人回不去，国内抗疫物资到达的速度也慢如蜗牛。一包通过EMS快递公司从中国寄出的口罩竟在路上走了4个月还没收到。不幸中的万幸，美国的生活供应和抗疫物资尚且供应充足。

随着抗疫活动诱发的抢劫事件频现，洛杉矶枪支商店销量飙升，且没有现货，须等待十天以上。与此同时，到户外靶场练习射击的人数激增。

1992年4月29日至5月2日，洛杉矶曾爆发被称为20世纪影响最大的种族骚乱，持续4天，63人死亡，是很多居民脑海中难以挥去的噩梦。

尽管暴乱为美国抗疫增加了新的变数和难度，但西方头号强国一定会结束暴乱、战胜新冠肺炎疫情都在情理之中。然而，背后显现的美国社会撕裂却无法治愈——美国人与美国人之间的战争将不断卷土重来。

内　战

全球疫情的“震中”是纽约，而美国暴乱的“震中”是华盛顿。

纽约是特朗普的家，他上班的地方白宫则在华盛顿。

抗击病毒需要全球团结起来，抗击暴乱则需要美国凝聚起来。

不幸的是，特朗普没有这个能力——他恰恰是利用美国社会撕裂，并强化这种撕裂最终获益，意外登上总统宝座的人。

特朗普是一个注定不走中间道路的人。他的拥趸和敌人都不会动摇。对全球化累积的美国社会矛盾洞若观火、深谙网络媒体真谛的特朗普明白：他的铁粉——中下层白人立场坚定、情绪饱满，宁选非主流真小人，也不支持建制派伪君子。面对这些普遍文化程度不高、内心布满伤害的边缘化群体，宣讲充满奥巴马般诗意的大道理无异于对牛弹琴。商人出身的特朗普找到一个最低成本达成目标的方法：用最简单的方式点燃这些被历史遗忘的干柴——是全球化，主要是中国夺去你们的饭碗，我会带领你们抢回失去的机会和希望，让美国重新伟大。

特朗普将抗疫简化为向中国甩锅，而将和平示威激化成一场火药味十足的新南北战争。

据《华尔街日报》报道，一项调查显示：80%的登记选民认为美国的局势已经失控，而只有15%的选民认为情况“处于受控状态”。

2020年6月1日，特朗普的宿敌CNN媒体披露了一段特朗普与美国各州州长的电话会议录音。录音中，特朗普怒斥各州州长不愿意召集国民警卫队的做法，并称“美国成了全世界的笑柄”。他还说：“州长们看起来像傻瓜。”

继1992年洛杉矶暴乱后，特朗普要求国防部再度启动《暴乱法案》。但美国官员（甚至包括来自共和党的高官）认为，军队是用于对付外来入侵敌人的，不能用来对付本国人民，即使个别人民已变成打砸抢烧的暴徒。

6月3日，美国国防部长埃斯珀（Esper）表示，不应部署现役部队来对付抗议活动，至少目前不应该。前参谋长联席会议主席马丁·邓普西（Martin Dempsey）则认为，部署军队将对美国军民关系产生负面影响。

6月7日，美国第一位非洲裔国务卿科林·鲍威尔（Colin Powell）认为特朗普偏离了美国宪法，是美国民主的威胁。他说：“总统对很多事情撒谎，但不会付出代价。”

6月进行的一系列民意测验显示，特朗普的对手、民主党人拜登的支持率在全美范围内处于领先地位。更重要的是，在最终可能决定选举结果的一些摇摆州中，拜登同样领先于特朗普。

美国媒体直言，特朗普连任面临着三重危机：对新冠疫情应对不力、大萧条时期以来最严重的经济收缩以及无力平息美国示威运动背后合乎情理的愤怒。

但是，这并没有动摇共和党对特朗普的信任。特朗普的政治顾问自信地指出，共和党人对总统的连任有着积极的热情，理由是他在2018年中期选举后为他背书的64名共和党参选人，无一例外地在特别选举中取得了胜利。一名白宫官员说："这显示了他的基本盘有多团结，有多强大。"

罔顾国家整体利益，无视全民福祉，片面追求政治正确，已经成为美国两党的共同行动准则。

一些美国观察家甚至相信，只要美国这场内战短期不结束，摆出强势姿态的特朗普将为自己11月赢得大选增添重要筹码。

2020年6月3日，纽约没有出现新冠肺炎患者死亡病例，系自3月12日以来的首次。

6月5日，美国劳工部宣布，美国在2020年5月新增250万个就业岗位，失业率从此前新冠疫情封锁时期的14.7%下降到13.3%。

特朗普随即将美国经济的势头比作火箭升空，并称这证明了他要求各州放松新冠疫情限制措施是正确的。按照以往的惯例，这再度激起民主党人和多数主流媒体的一片嘲讽。

但特朗普不在乎——只要共和党和他的铁粉们鼓掌欢呼就够了。

对 垒

这场美国人之间的种族战争，不仅表现为政客们为大选不留情面的厮杀，更是社会各阶层之间不留余地的攻讦。

有两个肤色不同的年轻女性旗帜鲜明、情绪饱满、妙语连珠地为大选吆喝，她们背后的欢呼声都山呼海啸般热烈，但立场完全相反，成为美国社会严重撕裂、缺少共识、失去弹性的生动例证。

更神奇的是，黑人姑娘支持特朗普、反对“黑命贵”，白人姑娘却在犀利地驳斥白人至上主义者，为弗洛伊德和黑人请命。

黑人姑娘叫坎迪斯·琥珀·欧文斯·法默（Candace Amber Owens Farmer），1989年4月29日出生。5年前她是反对特朗普的急先锋，后来立场发生了180度逆转，成为美国黑人女性保守派评论员和政治活动家。

法默在Facebook（脸书）上发布了一段视频，短短1天就有超过5000万人次收看，引起轰动。摘录其中几段如下：

> 我不支持弗洛伊德，他不是我的英雄。
>
> 不知何故，在过去的五六年中，我们习惯于一夜之间将罪犯变成英雄，这已经成为一种时尚。我们必须接受和相信如果是黑人就一定要这样做，这是黑人族裔的一个象征。我

认为这是卑鄙的。无论会有如何巨大的压力，不管是来自自由派黑人还是保守派黑人，我都不会继续支持这样的做法，而且我疾呼这样做是错误的。

当然我并不是说如果一个人有犯罪前科，就不可以有第二次机会。我个人非常相信给予人重新做人的机会。但我不太相信所谓的给予无限多次机会。让我们一起看一下他生前的犯罪记录。(注：46 岁的弗洛伊德在 2014 年前曾 5 次被判刑入狱)

当然这并不代表因为他是罪犯，他就应该死于警察的膝下。可是这让我作出决定，我绝不会去遵从黑人群体错误恶劣的独特文化，去将这样的罪犯说成是英雄烈士，用这样的办法提升黑人群体形象。

我只想告诉大家，暴力犯罪贯穿了他的一生，直到他生命的最后一刻。我再重申一下，我并不是为警察德里克·肖万辩护，我同意肖万被依法处置。但是为什么要坚持声称弗洛伊德是一个良民，像是美国黑人中的烈士?

没人愿意说出美国黑人的真相。最容易的是说我们黑人是受害者，让白人向我们道歉，提出我们的条件、筹码。这是卑鄙，是谎言，是错误，我们黑人最大的问题正是我们自己。

乔治·弗洛伊德被白人警察跪杀后，针对示威群众高喊“黑人的命也是命（Black Lives Matter）”，白人至上主义者则掀起一片反对声浪，高呼“所有人的命都是命（All Lives Matter）”。

2001 年 12 月 18 日，白人姑娘比莉·艾利什（Billie Eilish）生于洛杉矶。她有着爱尔兰和苏格兰血统，是一个音乐天才，曾获 5 项格莱美奖。

艾利什决定在自己拥有近 6400 万粉丝的 Instagram（照片墙）平台上发文反击，短时间内点赞数超过 640 万。下面是几段摘录：

> 如果我再听到一个白人说“所有人的命都是命”，我就要疯了。你能不能闭上你的嘴？没有人说你的生命不重要。没有人说你的生活不艰难。没有人真的在说你什么……停止制造关于你的一切。你不需要。你没有危险。（我会把你当成孩子一样给你解释，因为这是你唯一能理解的方式。）
>
> 如果你朋友的胳膊被划伤了，你会先给你所有的朋友包扎伤口吗？因为所有的胳膊都很重要。不，你要帮助你的朋友，因为他很痛苦，因为他需要帮助，因为他在流血。如果某人的房子着火了，有人被困在房子里，你会让消防队先去街区的其他房子救火吗？因为所有的房子都很重要。不！因为他们不需要。
>
> 不管你喜欢与否，你都享有特权。社会只因为你是白人就给你特权。你可以贫穷，你可以挣扎，但你的肤色却给了你比你想象中更多的特权。
>
> 白人的特权会影响到西班牙人、印第安人和亚洲人吗？

是的，当然会影响到。但就在此时此刻，我们必须解决黑人几百年来受到的压迫。

“黑人的命也是命”这一口号并不意味着其他人的生命不重要。它让人们注意到一个事实：社会显然认为黑人的生命不重要！而且他们还真这么做了！

这意味着黑人，生命，重要。

同　胞

在长达一个多星期的示威游行中，年轻的华人留学生中有替黑人呐喊甚至被捕的，有担心暴徒洗劫买枪自卫的，也有在朋友圈大声谴责抢劫等暴力行径的，但绝大多数人在绝大多数时间都拿着手机默默地围观，并祈祷骚乱之火别烧到家门口。

在这场美国人和美国人的黑白战争中，在美华人处境微妙。

一个只有500万人左右，普遍奉行和气生财、明哲保身的少数民族部落，在美国这场历史悠久且错综复杂的黑白战争中，轻易选边是不明智的——既不可轻易对以暴抗暴的黑人斗士摇旗呐喊，更不可对推卸责任、蛮横霸道的白人战狼摇尾乞怜。

鲁迅先生曾对弱势群体的劣根性有着入木三分的描述：“弱者发怒，拔刀向更弱者。”

对于那些为了在美国努力跻身主流社会、向执政的右翼白人政客频抛媚眼的保守派华人，下面的数据值得思考：2016年，一个白人家庭的典型净资产是一个黑人家庭的近十倍，没有医疗保险的非洲裔美国人比白人多两倍。2016 年，居住在明尼阿波利斯和圣保罗的黑人有 32%低于贫困线，而白人只有 6.5%——这是乔治·弗洛伊德生前所在地，在全美以开放和平等著称。

仅仅是因为黑人笨和傻吗？

布鲁金斯学会（Brookings Institution）的研究员安德烈·佩里（Andre Perry）说："冠状病毒并没有歧视人种，但我们的住房、经济和医疗政策却可以。"

在中美脱钩、冷战色彩日益浓重的背景下，加上疫情暴发、骚乱不止，在美华人的生存空间被挤压到改革开放以来最狭小的程度。希望美国社会早日战胜疫情——至少滞留的留学生能有更充足的理由顺利回家，暴乱早日平息——不被极端分子的暴行殃及池鱼。

唯一正确的选择是相信法治。尽管在这里，种族歧视的幽灵会像病毒一样定期归来，但法治至少能让你的内心最大限度免于恐惧。

艾伦·布鲁姆（Allan Bloom）说："美国宪法并没有承诺只尊重黑人、白人、黄种人，天主教徒、新教徒或是犹太人，它保护的是作为人的个人权利，不过对迄今为止白人依然占多数的美国人而言，它还没有得到足够的证明。"

1963 年 8 月 28 日，马丁·路德·金在华盛顿林肯纪念堂发表著名演讲《我有一个梦想》。他说："我梦想有一天，这个国家会站立起来，真正实现其信条的真谛——'我们认为这些真理是不言而喻的：人人生而平等’。”

演讲发表57年后——在马丁·路德·金遇刺身亡52年后，这个国家的黑人仍在不断用生命丈量美国宪法中这句名言寄托的理想与现实之间的漫长距离。

为了缩短这段距离，唯愿华人今后不会缺席。

思　考

17岁非洲裔美国女高中生达尼尔·弗雷泽（Darnella Frazier）在去商店的路上，正好撞见几名警察逮捕一名黑人男子。当时，弗雷泽被警察的执法动作震惊了，随即掏出手机录下了视频。视频里，这名男子慢慢不再动弹，最终宣告死亡。

随后，弗雷泽把这段视频发在了社交媒体脸书上。很快，视频中的男子点燃了无数人的愤怒——他叫乔治·弗洛伊德。

但是，见证了警察暴力执法、将执法过程记录并曝光的弗雷泽，却成了被骚扰和网暴的对象。据报道，许多网友质疑为什么在那个长达近10分钟的视频拍摄期间，弗雷泽没有上前阻止警察，而是见死不救——尽管视频中可以听到她数次叫警察停下的声音。

弗雷泽辩称，作为一个17岁的未成年人，她当时已经被吓坏了，所以没能上前用行动阻止警察或帮助弗洛伊德。而且，她害怕警察会进一步反击报复。

弗雷泽愤懑地说:“你们不该攻击我，而是要感谢我！因为那可能是你深爱的人或是你，而你也想要看到真相。要不是有我，那 4 个警察现在还没丢掉工作。警察肯定已经用一个幌子把整件事掩盖起来了。”

随后，美国多位社会活动家纷纷要求对弗雷泽提供更多保护。

弗雷泽一家原本住在弗洛伊德被跪杀处的那个街角，事件发生后他们被迫搬到一个未披露的地址。

美国暴乱呈现的一个场景宛如当代寓言：少数民众在和平示威，更少的暴徒在打砸抢烧，绝大多数人始终在一旁默默围观。

其实世界从来不缺正能量的出口，缺的是正能量本身。在一个人人都有智能手机的年代，很多人天天忙着刷屏带货、秀自己，如果希望拥有一个更好的世界的话，年轻的“后浪”们必须走出大综艺和小视频在脑海里充填的各种虚幻浮华，去直面一个问题：当暴徒在公共场合公然践踏人性和法治的底线，你会表现得比弗雷泽更勇敢吗？

在充斥着愤怒、对立情绪的网络世界，把一个复杂问题简单化讨论是危险的。失去耐心的人们宛如急于想知道故事答案的孩子，不关心过程，只渴望结果。

其实，面对影响你我切身利益的事情，积极参与比冷漠地等待结果更重要。

英国哲学家约翰·洛克（John Locke）说，政府存在的目的就是保障生命、私有财产和自由。——他指的是保护所有人。但如果出现一个仅仅只关心自己政党利益和迷恋强权的领袖比如特朗普，那该怎么办?

每个人都有幸福的权利——这是人人向往的乌托邦；少数人有幸福的能力——这是分化对立严重的现实世界。所以，高呼“所有人的命都是命”的口号甚易，而面对“黑人的命也是命”的现实很难。

世界本来就是一个整体，却被无情地分拆成两个水火不容的部落，都以为自己的标语写着无法撼动的真理，却充斥着被怒火包裹的偏见。

如果这个故事注定是一场持续下去的战争，所有围观者也就是沉默的大多数——有时会自封为客观理性的胆小鬼们，只敢把矛头对准一个拿着手机勇敢地记录警察滥用公权力施暴罪行的17岁黑人姑娘的人——以精致的、苟且的方式，决定了战争的最终结果。

本来，他们有足够的能力和机会不把世界让给魔鬼。

《论语·为政》中记载：见义不为，无勇也。为什么中国古代先贤没有号召见义智为?是因为孔子迂腐吗?还是因为世道坏了，好多人聪明过了头?这个世界上自作聪明的人远比聪明的人多，知道自己愚蠢是聪明的起点。

在被警察跪杀的那一刻，弗洛伊德不是黑人，不是瘾君子，不是新冠肺炎患者，不是有前科的犯罪嫌疑人，他是所有人。

现代公正的实现方式

美国幅员辽阔，种族杂糅，国民中没有哪一部分人能有效地处于主宰地位。在这样一个国家里，多元化并非人们一开始就抱有的理想，而是互不相容所造成的惨重代价迫使他们彼此相安共处的结果。

——托马斯·索威尔

法　案

都是美国少数民族，弱势群体何苦为难弱势群体？

身在加州，如果一个华人对此问题不高度重视的话，其孩子的未来会大受影响。

民主党 2020 年总统候选人、前副总统拜登表示，民权领袖马丁·路德·金博士 1968 年遇刺案的全球影响力不如近期的乔治·弗洛伊德遭警察暴力执法遇害事件。

在街头，警察和黑人示威群众一起抱也抱了，跪也跪了。一段时间里，街头示威有走向平和的趋势。不料在 2020 年 6 月 13

日，洛杉矶一个名叫罗伯特·福勒（Robert Fuller）的年轻黑人被发现在市政厅附近一棵树上吊死。事后，洛杉矶郡治安部门宣布罗伯特·福勒的死亡可能是自杀，这立即引起了黑人社区成员的愤怒。这起案件波及全美，并在网上引起了强烈的反应，十几万人在请愿网站 Change. org 上签署了请愿书，要求进行全面调查并公布监控录像。

这场波及美国 100 多个城市、数十万民众参与的抗议示威活动，主要有两个诉求：一个是抗议警察执法过当——毕竟，警察将嫌疑人用膝盖锁喉跪杀街头挑战了法治和人性的底线，应该依法严惩；另一个是完善相关法律，强化日常执法监督——与依法保障警察维护公共秩序和利益达成新的平衡，虽然不易，但在美国这样一个宪法至上的国度，却并非不可能完成的任务。

麻烦出在种族歧视上。群众闹也闹了，政客秀也秀了，历史人物的塑像也被推倒了，下一步总得给历史上遭了大罪的黑人一些实际补偿吧。否则，“黑人的命也是命”岂不成了一场全球瞩目的忽悠？

于是，2020 年 6 月 10 日，加州众议院以 58：9 的极高支持率通过 ACA5 法案。然而，仍在忙着抗议的黑人还没有来得及欢呼，来自华人社区的怒火已在网上熊熊燃烧。

这个法案的提出者是代表圣地亚哥的非洲裔加州女众议员雪莉·韦博（Shirley Weber），目的是要求全面取消加州在 1996 年通过的 209 法案。这一法案禁止加州政府（包括加州公立大学）在教育、雇佣和合同中，使用种族、性别、肤色、民族或原籍等因素歧视或者优待任何个人或者群体。简单来说，这项法案体现了一个大原则：谁有能力谁上。

除了“高贵”的盎格鲁-撒克逊人之外，生存能力较强、对美国社会的发展贡献很大的有两个族裔：一是犹太人，二是华人。犹太人过去曾经备受歧视，而现在已经完全融入美国主流社会，不再有区别。华人似乎仍然是黑白人种以外的“局外人”，一是因为肤色，二是因为文化，三是因为中美关系的影响。

众所周知，从全美范围看，华裔孩子普遍天资聪慧、刻苦读书，这些年积极参加各类社区公益活动，获得了更好的高校录取机会。有人曾戏谑地说，如果全球的所有问题都能通过考试解决，中华民族早就笑傲全球了。

不过，209 法案带来的一个直接后果是拉丁裔和非洲裔学生的录取率不高。早在 2014 年拉丁裔加州参议员贺南德兹（Ed Hrnandz）就曾提出过类似的旨在提升拉丁裔大学入学率的 SCA5 法案，后迫于亚裔社区强力反对铩羽而归。

此次非洲裔议员提出的 ACA5 法案则要求强制执行种族比例，把亚裔入学比例改为 12%，剩下的位置让给非洲裔和西裔。原本亚裔在加州大学的入学比例是 42%——请注意，都是考进去的。

中国民间有句俗话：会哭的孩子有奶吃。这难道也是美国的潜规则？这个名为推动多元化、实质带有浓郁的“黑人获益、华人遭殃”色彩的法案真的可行吗？

名　额

许多平时温和谦让、低眉顺目的华人，一旦遇到巨大的灾难、不幸、压力，内心的潜能就会被瞬间激发起来——尤其是自己后代即将遭殃的时候。

他们凝聚在一起，要么积极参与民调，要么在媒体上发文呼吁，要么与当地政客直接对话。

一位华人在微信朋友圈发表了与加州议员沟通的过程："我昨天打通（参议员）斯科特·威尔克（Scott Wilk）的电话。接电话的是他的同事。我问他是否接受人种生理学差异？他说他认为有这个事实，所以在教育方面要有相对应的策略。这样社区才会共同进步。我说你说得对。既然你也认为有人种差异，那么黑人在竞技体育方面、音乐方面都有很好的天分，而我们亚裔在这方面就差很多。按照你们的逻辑，以后在奥运会等体育竞赛的时候，对亚裔是否也放宽标准？比如100米短跑，我们亚裔先跑30米？或者拳击赛，我们亚裔先揍黑人一分钟而黑人不能还手？又或者我们亚裔考音乐学院也可以比黑人低500分？那样才符合美国精神啊！他沉默了10秒，然后告诉我他会转告议员有关我的意见。"

上述言论关于华裔和黑人在很多方面的类比很过瘾，但也有失偏颇——毕竟从社会起点公平层面上来说，竞技体育、音乐和教育无法同日而语。

这背后隐藏着一个残酷的真相：不管种族之间还是个体之间，人生而不平等。

美国1776年建国时，声望达到顶峰的法国先哲卢梭说："我认为人类中间存在两种不平等，一种是我称之为自然上的或者生理上的不平等，因为这是由自然造成的，包括在年龄、健康状况、体质强弱和智力或者心智上的各种差异；另一种或许可称为精神上或者政治上的不平等，它依靠一种特定的制度安排，并且至少经过人们的一致认同。后一种不平等赋予一部分人以特权，相反，其他处于劣势的人则没有，例如有一部分人比别人更富有，更尊贵，或更强大，甚至能让别人服从他们。"

人类文明进程最重要的使命就是面对后一种不平等，经过无数次流血的革命和不流血的改良，努力探索形成一个维护人类社会公平正义的制度——以实现人类整体福祉和不损害任何个体权益为前提而得到不断提升。

美国第一代领导人悲观地认为，掌控权力的人会堕落为魔鬼，并侵害别人的权利和自由，除非他们被其他对抗性的权力限制。在此之后，更为乐观的政治家虽然提出了对于人性相反的看法，和前辈们相比，却得出了有关政府职能的相似结论。因为人的本质是自律、良善和理性的，所以，强政府没必要存在。

在美国不断完善保障社会公正的法律制度，并雄踞西方第一强国多年后，随着一个黑人被白人警察当街意外锁喉跪杀，美国公众以反歧视为名，集体冲向各大城市街头声讨制度不公，该如何应对？

对 立

面对美国全国风起云涌的示威游行，美国社会充斥着两种对立的声音。

面对抗议者占领西雅图市区成立具有乌托邦色彩的“国会山自治区”，特朗普说：“国内的恐怖主义分子占领了西雅图，他们显然是由激进的左翼民主党人控制的。我们需要法律与秩序！”西雅图市的民主党籍市长珍妮·杜尔坎（Jenny Durkan）则反唇相讥：“合法集会和表达（宪法）第一修正案的权利，要求我们的社会做得更好，为有色人种社区提供真正的平等，这不是恐怖主义，而是爱国主义，”她甚至说，“把军队派到西雅图是违宪和非法的。”

长期以来，共和党自我标榜为“法律与秩序党”。作为执政党，为了赢得大选，在特朗普抗击疫情不力——美国新冠肺炎感染人数和死亡人数都位列全球之冠，全国各地示威游行又如火如荼的情况下，唯一可以力拼的经济牌需要一个和平稳定的社会环境。然而在特朗普的带领下，共和党坚持对游行中的暴乱“零容忍”，甚至不惜动用军队，捍卫警察正常执法权，立场相对强硬。

特朗普宁可拿着《圣经》站在险些被示威者焚毁的白宫教堂前作秀摆拍，也不愿意像来自民主党的众议院议长佩洛西（Pelosi）那样为黑人的权益下跪。

为赢得大选，在野的民主党成为维护黑人权益急先锋，个别人甚至将“黑人的命也是命”推向另一个极端“黑命贵”。许多历史人物包括美国《宪法》的起草人之一杰斐逊的塑像被损毁，甚至连拍摄于1939年的经典电影《乱世佳人》也因“种族歧视”遭全网封杀。《纽约时报》发文指责著名动画片《汪汪队立大功》，要求取消这个节目，就因为里面有一个小狗的角色是警察，还是一个好警察。

为让弗洛伊德的悲剧不再重演，民主党主张对涉事警察严惩，甚至通过立法限制警察过度使用武力——包括禁止在执法中对犯罪嫌疑人使用“锁喉功”。但是，特朗普对此持保留意见。

更重要的是，民主党人一直紧盯美国历史上种族歧视的原罪，主张对非洲裔做出更多实际的补偿。共和党人则认为，美国建国200多年来在制度层面维护种族平等已经做得不错，如果不经过科学审慎的调研，对黑人权益过度补偿反而危及社会公正。

一些共和党人甚至说，如果对美国不满意，黑人可以重返位于非洲的祖国。与之呼应，不少觉得自己同胞在美国受了委屈的非洲一些国家的首脑和人民，也纷纷伸出橄榄枝欢迎自己同胞早日回归，只是几乎无人响应。

即使如此，2020年6月的一个民调显示，41%的非洲裔表示在11月大选中要投票给特朗普——这在一定程度上可以解释为什么加州的民主党人以损害华人切身利益的方式，推动公立大学按种族而不是按成绩分配名额。

分　歧

美国社会持续撕裂，两党为了各自利益血拼，华人亦无法独善其身。

据媒体报道，一些生于美国的年轻华人，在由新冠肺炎疫情掀起的对中国的歧视浪潮中，开始对其他面临偏见的少数族裔感同身受，并走向街头与黑人并肩作战。一位年轻的华裔说：“让很多像我一样的人意识到，要团结在一起，互相帮助。”一些反对特朗普的知识精英认为，特朗普是一个分界线，是科学与愚昧、美好与丑陋、文明与落后的界限，就像米歇尔·奥巴马（Michelle Obama）的名言——When they go low，we go high（当别人往道德的低处走时，我们要坚持向高处前行）。

一些反对“黑命贵”的中老年华人，则认为美国在黑人和白人制度平权方面取得巨大进步，至少有两个指标引人注目。首先是入学的标准，在大学入学时，黑人分数比其他所有族裔都要低很多，亚裔的分数最高，白人第二，非洲裔比亚裔平均分竟低280分。其次是就业的标准，联邦政府和各州政府都必须优先保证黑人的就业权，必须满足黑人的招聘比例。

但是，要求对历史上的奴隶制进行经济赔偿，在现实中很难操作——有专家提出联邦政府应赔偿14万亿美元，以保证每个黑人得到40万美元，并要求以后每个黑人生下来就有一份基本生活费，上大学不用考试，而一旦上了大学，学费也全部由纳税人负担——宛如让社会供养一个世袭的特权阶层。

这公正吗？

据统计，截至2017年1月美国人口数超3亿，其中少数民族人口数超过了1亿——拉丁裔是美国人数最多的少数民族，有5600万人，占了美国总人口的17.4%，而非洲裔美国人现在有4200万人，亚洲裔有1700万人，其中华裔人口数超过500万。

但在美国所有种族和族裔的选民中，华裔的投票参与度是最低的。

无论面对哪个政党，华人盲目选边站都是不明智的。在水火不容的两党政客眼中，这些数字都是未来决定大选结果的选票，而华人最容易成为被牺牲掉的筹码。

在被民主党长期把持的加州众议院，通过了非洲裔议员有关公立大学按种族比例而不是成绩好坏录取的法案，就是一个危险的信号——尽管不少年轻华人选择在示威游行中与黑人兄弟姐妹并肩作战。

公　正

哈佛大学教授、社会伦理专家迈克尔·桑德尔（Michael J. Sandel）在《公正：该如何做是好?》(*Justice: What's the Right Thing to Do?*）一书中，讲述了一个在大学招生过程中有关歧视的故事。

谢丽尔·霍普伍德（Cheryl Hopwood）来自一个并不富裕的家庭，由单身妈妈抚养成人，并努力读完了中学、社区大学以及位于萨克拉门托的加州州立大学。随后，她移居得克萨斯州，并申请就读得克萨斯州立大学法学院，这是得州最好的法学院，也是全美最好的法学院之一。尽管霍普伍德的平均绩点为3.8，并且在该法学院的入学考试中表现还不错（第83个百分位），可是她没有被录取。

霍普伍德是个白人，她认为自己被拒绝是不公平的。有些被录取的申请者是非洲裔和墨西哥裔的美国学生，他们比她的大学成绩低，入学考试分数也没有她高。这所学院有一个反歧视的政策，偏向那些少数民族的申请者。

霍普伍德将自己的情况上报至联邦法院，声称自己是歧视的受害者。得克萨斯大学回应称，它的法学院的部分任务在于，增加得克萨斯州法律职业（不仅包括法律事务所，也包括州立法部门以及法庭）中的种族多样性和民族多样性。在得克萨斯州，非洲裔和墨西哥裔美国人占总人口的40%，但在法律职业中所占的比例却要小得多。当霍普伍德申请的时候，得克萨斯大学法学院运用了一项反歧视行动的录取政策，其目标在于从少数民族的申请者中录取该班级中大约15%的学生。为了达到这一目标，得克萨斯大学给少数民族的申请者们设定了比非少数民族申请者们要低的录取标准。

霍普伍德对于反歧视行动的挑战，并不是首例上告到法院的，也不会是最后一个。

赞同将民族和种族纳入录取考虑因素的原因中，包括纠正标准化考试中的偏见、补偿过往之错和促进多样性。批评者们指出，那些受益人未必就是那些曾经的受害者，那些提供补偿的人也很少是那些造成所纠正之错误的人。许多反歧视行动的受益人都是中产阶级的少数民族学生，他们并没有遭受贫民区中的那些年轻的非洲裔美国人以及拉丁裔美国人所遭受的苦难。

迈克尔·桑德尔在书中强调："如果一个公正的社会需要一种较强的共同体感，那么它就必须找到一种方式，来培育公民关心全局以及为共同善作奉献。"

至于加州非洲裔议员提出的按照种族比例去分配公立高校招生名额的议案，除了挟抗疫游行中"黑人至上"的余威，对于社会整体福利和道德不仅没有助益，还会造成巨大伤害。

比如SAT（各国申请美国大学入学资格的重要考试）问题再大，也是本着考试面前人人平等的原则，是对所有按照统一规则更加努力的人的反馈。所谓按照种族比例招生，则以尊重黑人的名义实施了更可怕的种族歧视。也就是说，黑人议员最终活成自己曾经无比憎恶的样子。

这才是整个事件最具悲剧性的地方。

上帝只帮助自助的人。即使面对各种历史的或现实的不公正，乔丹、奥普拉才是千千万万希望改变命运的黑人真正值得效仿的对象，而不是在游行中砸开商店门肆意抢劫的人——不管他们高呼的口号多么充满正义。

这，也解释了为什么很多华人最终决定支持不向黑人下跪的特朗普。

洛杉矶市警方在推特上表示，在 6 月的第一周，也就是暴徒假借示威人群暴力打砸抢的那一周，洛杉矶凶杀案数量飙升了 150%。

6 月，哈佛全球卫生研究所所长阿希什 · 杰哈（Ashish Jha）博士预测，如果按照当时美国每天死于新冠病毒的人数不变，那么美国的新冠肺炎患者死亡人数“在 9 月的某个时候，将超过 20 万，而且这个数据仍然不会停止”。截至 2021 年 2 月底，美国因疫情死亡人数超过 50 万。

病毒和暴乱，本应成为凝聚美国各民族的黏合剂，而不是加剧撕裂的催化剂。

很多人相信，成为人类的方法是学会识别至高无上的神的容貌，无论他具有什么样的人类面孔。

但在现代文明社会，探讨公正的实现方式和公正一样重要。

被“斩首”的哥伦布

在美国，秩序、正义和自由是协同并进的，不过它们可能以类似的方式蜕化变质。如果缺乏有序的政治模式，美国人的个人品德便会堕落到毁灭性的自我中心之中。

——拉塞尔·柯克

序　章

持续一个多月的美国示威游行，除了进一步加剧美国社会的撕裂，还让大选的民意天平进一步向民主党候选人拜登倾斜。

在一项民意调查中，77 岁的前副总统拜登普遍被认为是阿尔茨海默病早期患者——这让民调落后的 74 岁的时任总统特朗普感到骄傲，经常为自己“年轻和精力充沛”的优势而沾沾自喜。

在一个“后浪”奔涌的年代，这场全球瞩目的“爷爷级”权力较量，为这个以创新、年轻、富有竞争力著称的西方第一强国笼上了一层英雄迟暮的阴霾。

本来因经济发展势头良好而志得意满的特朗普，注定为抗疫的失败和随后骤然爆发的示威游行蔓延全国而付出惨痛代价。

不顾专业人士的忠告过早解除封城令恢复经济，示威游行中群聚感染事件飙升，都使得美国经济的短暂复苏尤其是失业率的降低显得后劲匮乏。虽说在很多时候，工作是守卫底线和妥协的保障，可如果连命都保不住了，冒死工作多挣几个美金还没有待在家里等着纾困金发放靠谱。相对于华人，支持特朗普的中下层白人面对疫情经常表现出令人惊叹的视死如归。

拜登再有阿尔茨海默病的嫌疑，也知道特朗普的软肋——2020 年 6 月 26 日，老人家对备受疫情煎熬的美国选民做出庄严承诺：他大选后保证戴口罩，也会严格要求全国人民如此做。

这一天，美国新增确诊病例超过 4. 4 万例，连续三天刷新增长纪录，迅猛突破 250 万人大关，而死亡人数则超过 12. 7 万。伴随着美国疫情的二次暴发——更确切地说，美国第一次暴发时就没有真正意义上控制住疫情，全球新冠肺炎患者数目挺进了可怕的千万级别。

这令人窒息。

连续两天在西雅图“国会山自治区”发生的枪杀事件，挑战了西雅图女市长珍妮 · 杜尔坎容忍的底线。她决定逐步废除这个地区，这标志着诞生于 2020 年 6 月 8 日、带有强烈乌托邦性质的“城中之国”关张在即。

同时，这意味着起源于明尼阿波利斯城、主题词为“黑人的命也是命”的盛大示威游行进入倒计时。

凡是过往，皆为序章。蔓延全球的新冠肺炎疫情，注定会深刻改变全球化进程以来人类社会前进的方向。疫情“震中”美国发生的示威和骚乱，则宛如一次对西方历史声势浩大的清算。这段占据人类近现代中心位置的集体记忆，比书中记载得更加丰富生动、云谲波诡、野蛮荒诞。

哲学家伏尔泰说：“历史中既充满了国王的见证，也同样充满了他们的仆从的见证。”

这场爆发于美国，直至波及整个西方的反种族歧视示威活动，宛如仆从的后代们对昔日国王们一次迟到的审判。

在这绝非最后一次的美国黑白战争中，曾经备受欺辱的黑奴的后代们，瞄准了那些矗立在城市广场中心、博物馆门前的历史名人雕像，将他们“斩首”甚至整个掀翻在地。

作为清教徒的后代和美国梦的坚定捍卫者，“股神”巴菲特曾意味深长地引用英国作家王尔德的话说：“每个圣人都有过去，每个罪人都有未来。”

被黑人推倒的雕像，曾向征服者的智慧、勇气和荣耀致敬，也遮掩了背后伴生的阴谋、残忍和戕害——这是西方文明史的另一面——经常被太多人习惯性遗忘。

“斩首”

非洲裔男子乔治·弗洛伊德遭白人警察暴力执法不幸身亡，引发抗议的怒火在全美国延烧。令人惊叹的是，发现美洲大陆的哥伦布的雕像不断成为人们泄愤的对象。

2020 年 6 月 10 日，位于波士顿市中心的一座哥伦布雕像被人“斩首”——这是继 2006 年以后，这个地标般的雕像第二次被砍头了。在 2015 年，雕像遭喷漆并被写上“Black Lives Matter”。

同一天，弗吉尼亚州里士满的一座哥伦布雕像被推倒和焚烧，最后被扔进附近的一个湖中。在 YouTube 视频网站的一段视频中，抗议者称这样做是为了“支持美国土著居民”。他们在雕像的底座涂鸦写下“他是种族灭绝的代表”。

美国民主党人士宣布，他们将拆除一座展示哥伦布请求西班牙女王伊莎贝拉资助他美洲之行的大理石雕像——自 1883 年以来，这座雕像就一直竖立在加利福尼亚州议会大厦前。

2020 年 6 月 18 日，美国旧金山市议会拆除了一座哥伦布雕像。据报道，这座重达两吨的雕像建于 1957 年，近年来因饱受争议而屡遭抗议者破坏。该市官员凯瑟琳·斯特凡尼（Catherine Stefani）在推特上说，拆除这座雕像是“必要的一步”，因为它代表着美国历史上“痛苦的基石”，“我们所有人必须谴责奴隶制、镇压和征服”。

据统计，美国拥有哥伦布雕像最多的是新泽西州，共有 38 座，紧随其后的是纽约州（29 座）和宾夕法尼亚州（17 座）。美国最古老的哥伦布雕像是马里兰州巴尔的摩的“哥伦布方尖碑”，其历史可追溯至 1792 年。2017 年 8 月美国弗吉尼亚州夏洛茨维尔发生“白人至上”种族骚乱之后，这座“哥伦布方尖碑”也曾成为抗议活动的目标。

始于 15 世纪末的地理大发现，对西方人意味着机遇、财富和全球霸权的确立。但对于美洲原住民来说，这一改变历史的壮举，却意味着野蛮残酷的掠杀——这段自己祖上灰暗的经历，会被在疫情中攻击华人的美国右翼白人习惯性遗忘。也许，他们在上学期间都没认真学历史，否则，他们在以美洲主人姿态训斥他人时就不会如此理直气壮。

1492 年 8 月 3 日夜，经过在欧洲各国长达十年的游说，终于得到西班牙王室资助的意大利人哥伦布，带着国王给印度君主和中国皇帝的诏书，从西班牙的帕洛斯港（Paros Port）出发，在穿越大西洋的过程中总体风平浪静，最终发现了美洲大陆。直到 1506 年去世时，哥伦布都认为自己到达的地方是印度——这直接导致了这块土地的原住民被西方人命名为印第安人，而且这里也不是什么“新大陆”。4 万年前，印第安人就来到这里繁衍生息，哥伦布到来后他们便成为西方殖民者奴役和屠杀的羔羊。

奥地利作家茨威格在名著《人类群星闪耀时》（*Sternstunden der Menschheit*）这样描绘道：“哥伦布发现美洲后第一次归来，凯旋的队列穿过塞维利亚和巴塞罗那人群拥挤的街道时，展示了数不胜数的稀世奇珍：一种迄今不为人知的红种人，从未见过的珍禽异兽，色彩斑斓、大声叫喊的鹦鹉，体态笨拙的貘；接着是不久便在欧洲安家落户的奇异植物和果实，印度谷种、烟草和椰子。所有这一切都使欢呼的人群深感好奇，惊叹不已。但最使国王、王后和他们的谋臣激动的，却是哥伦布从新印度带回来的装着金子的几口小木箱、几只小篮子。”

虽然哥伦布认为自己的成就是传播基督的福音，但茨威格还是毫不留情地展示了他远航队伍的贪婪和邪恶：“试图在黄金国一显身手发大财的烙了金印的窃贼，拦路抢劫的强盗、瘪三，想甩掉债主的负债者，想摆脱好吵架的妻子的丈夫，所有这些穷困潦倒不得志的人，有前科的、被法警追捕的在逃犯，都来报名参加舰队。这些落魄之徒、乌合之众，全都横下一条心，为了立即致富，什么暴力手段都敢用，什么罪恶勾当都敢干。”

地理大发现为西方近现代文明作了最为关键的奠基，但代价是印第安人几乎被整体灭绝，孕育中的美洲文明被彻底摧毁。人类学家推测，在哥伦布到来之前，整个美洲大陆同期印第安人约有 4000 万人。美国官方数据统计则显示，截至 2016 年，美国境内的印第安人原住民降至 50 万人左右。

哥伦布在历史中留下了一个充满悖论的形象：一方面，他被当成敢于冒险、勇于探索未知世界的人类精神符号，是具有强烈英雄主义特质的史诗级人物；另一方面，随着时间的推移，越来越多的人认为他是黑人奴隶贸易的先祖，他来美洲主要是为了黄金，是贪欲和罪恶的化身。

早在 1792 年美国就有了哥伦布日（Columbus Day），以纪念他到达美洲 300 周年。自 1971 年开始，这个纪念日被正式定在 10 月的第二个星期一，成为联邦法定假日。在近年来反对种族主义抗议的声浪中，它被不少美国城市改名为“庆祝原住民日”——而这又被有些人批评盲目迎合时下政治正确。

国　父

相对于被“斩首”的哥伦布雕像，美国国父华盛顿雕像的倒塌更令人惊诧。据媒体报道，6 月 18 日深夜，俄勒冈州波特兰市的反种族主义示威者推倒了城市东北部的华盛顿雕像。示威者称华盛顿当年也是奴隶主，他们点燃一面美国国旗盖住雕像头部，并在底座涂鸦。

需要提醒的是，头像印在使用最广泛的一美元钞票上的乔治·华盛顿，在他所处那个时代近乎完美。美国的中小学课外读物里，至今还讲述着关于他从小诚实善良、勤勉上进的故事。

1789 年，率领大陆军团击败英国殖民军赢得美国独立的华盛顿成为首任总统，1793 年赢得连任，担任总统直到 1797 年，并在任期结束后自愿放弃权力，回到他在弗农山的庄园恢复平民生活，于 1799 年 12 月 14 日逝世。1787 年，他主持制定了美国立国之本——《美国宪法》。

华盛顿始终坚持共和制，反对君主制，认为权力永远属于人民。美国《独立宣言》中有这样一句著名的话：“我们认为下面这些真理是不言而喻的：人人生而平等，他们被造物主赋予若干不可剥夺的权利，其中包括生命权、自由权以及追求幸福的权利……”

但是，没有一个历史人物能够尽善尽美。华盛顿是一个拥有

317 个黑奴的大奴隶主。他生前没有致力于在联邦层面废除奴隶制，但在遗嘱中声明解放他自己的黑奴。

连伟大如斯的乔治·华盛顿都如此，也就不难理解如下历史名人的遭遇了：6 月 19 日，美国旧金山抗议者推倒了国歌词作者弗朗西斯·斯科特·基（Francis Scott Key）的雕像，此外，美国内战时期南方联邦政府“总统”杰斐逊·戴维斯（Jefferson Davis）、格兰特（Grant）等多位总统雕像被推倒。普林斯顿大学还把第 28 任总统伍德罗·威尔逊（Woodrow Wilson）的名字从该校一所学院中除名。这些行动的理由大同小异——他们是种族主义者。

值得一提的是，据《纽约邮报》报道，位于纽约市的自然历史博物馆 6 月 21 日宣布，将拆除博物馆入口处的西奥多·罗斯福（Theodore Roosevelt）雕像。这座雕像自 1940 年以来一直竖立在博物馆入口处，描绘的是罗斯福骑在马背上，他的两侧分别是一名美国原住民男子和一名非洲裔男子。

西奥多·罗斯福是 20 世纪助推美国全球扩张、取代英国雄霸西方地位的关键人物，曾因成功调解日俄战争而获得诺贝尔和平奖。当时作为社会达尔文主义的对立面，美国百姓的呼声以及政治活动家的政策主张汇集成声势浩大的舆论浪潮，也成为老罗斯福一系列改革政策的舆论基础。老罗斯福的头像还被雕刻在美国著名的拉什莫尔山上，与华盛顿、杰斐逊、林肯并列。此前曾暴发过疫情的美海军“罗斯福号”航空母舰，就是以他的名字命名的。

纽约市长白思豪随后在一份声明中表示："它明确地将黑人和原住民描绘成了被征服的、种族地位低下的人，纽约市支持博物馆的要求。移除这座有问题的雕像是在正确的时机作出的一个正确决定。"

这个决定得到了老罗斯福的曾孙西奥多·罗斯福四世（Theodore Roosevelt Ⅳ）的认同："这个世界不需要这样的旧时代雕像，这些雕像既不反映他们所尊敬的人的价值观，也不代表平等和正义的价值观……这座雕像没有反映罗斯福真正的遗产，是时候把它移除了。"

耐人寻味的是，执政的共和党和在野的民主党对毁掉名人雕像一事态度迥异。

6月19日，当示威民众推倒华盛顿特区一座当年南方将军阿尔伯特·派克（Albert Pike）的雕像并纵火焚烧后，特朗普在推特上称："应该立刻发文逮捕这些人。这是我们国家的一个耻辱。"

此前一天，美国国会大厦的4位19世纪被指为种族主义者的肖像遭到移除——他们都是前联邦众议院议长，现在则被现任议长、民主党人佩洛西下令撤下。佩洛西还呼吁，移除国会大厦内的11座种族主义历史人物雕像。

欧　洲

这场示威者推倒历史名人雕像的活动很快波及欧洲。

位于英格兰布里斯托尔的17世纪奴隶贩运者爱德华·科斯顿（Edward Colston）的雕像被拉倒，然后被投进一个港口的深海里。

爱德华·科斯顿的船曾将8万名男女老幼从非洲运到了美洲，中途死亡惨重，尽管他聚敛的巨额财富后来的确造福一方。在雕像被拉倒以后，官方对这样的行为予以谴责。

在苏格兰首府爱丁堡，一座纪念碑被人用喷漆涂上“George Floyd（乔治·弗洛伊德）”和“BLM（Black Lives Matter的缩写）”字样。这座诞生于1823年的纪念碑为亨利·邓达斯（Henry Dundas）而建——他在1792年把一项本该废除奴隶制的法案加入了修正案，这让奴隶所有制的废除延迟了15年。

在比利时安特卫普，一座利奥波德二世（Leopold Ⅱ）国王的雕像被放火焚烧和涂上红漆。人们甚至呼吁，把这位在位时间最长的比利时国王的各个雕像拆除。利奥波德二世于1865年至1909年在位，并在1885年至1908年将当时被称为“刚果自由邦（Congo Free State）”的民主刚果变成殖民地，从橡胶贸易中赚取了巨额财富。他派人射杀反抗的黑奴，他的军队则被命令去收集被处死者的手。

2002 年的一次民意调查中，温斯顿·丘吉尔（Winston Churchill）在 BBC（英国广播公司）被选为史上最伟大的英国人。他在“二战”中带领英国人民奋勇抗击德国纳粹，展示了令人感佩的勇气和卓越的领导力。他还是诺贝尔文学奖得主。

然而在伦敦，一座丘吉尔的雕像被涂鸦破坏，人们声称他是一名“种族主义者”。在 2015 年接受 BBC 采访时，《丘吉尔：荣耀的终结》（*Churchill: The End of Glory*）的作者约翰·查姆利（John Charmley）表示，这位已故首相信奉种族等级，并认为白人基督教新教徒在最顶端，高于白人天主教徒，而印度人则高于非洲人。

丘吉尔的外孙尼古拉斯·索梅斯爵士（Sir Nicholas Soames）曾说，他的外祖父是“爱德华时代的孩子，说的也是那个时代的语言”。

追　问

美国历史学家埃里克·沃格林（Eric Voegelin）说：“历史的秩序来自秩序的历史。每个社会都承载着在自身的具体境况下创建某种秩序的责任，这种秩序，基于神的或人的目的，将赋予该社会生存的事实以某种意义。”

在牛津和剑桥英语词典中，至今有专门的“白人特权”词语的定义——指在一个多种族共存并且存在种族不平等状况的社会中，相对于其他种族的群体，白种人群体仅仅因为肤色而拥有与生俱来的、其他族裔所没有的优势。这些优势在社会资源分配方面，比如教育、医疗、就业、法律等领域最为明显。剑桥英语词典甚至有这样的例句："白人特权这个概念，解释了为什么白种人更容易进入一个社会的法律和政治机构。"

在 1992 年出版的《历史的终结与最后的人》（*The End of History and the Last Man*）中，著名日裔美籍学者弗朗西斯·福山（Francis Fukuyama）写道："左派厌恶'自由'所驱动的不平等，而右派厌恶'民主'所要求的平等权利。如果一个制度只有'自由'，它可能迟早内爆于人们对'平等'的渴望；如果一个制度只有'民主'，那么它也可能很快由于'多数暴政'而活力衰竭。但是，一个既包含'自由'也包含'民主'的制度，恰恰由于其内在张力而获得蓬勃的生命力。"

福山犀利地追问："如果一个毫无进取心、成天坐在沙发上看电视、吃土豆片的人，也可以理直气壮地要求社会'平等的承认'，那么这种'承认'的价值何在？"

获得认可的欲望与经济的诉求同样是人的本性，那么，从这一前提出发，自由经济和自由政治是人类最终的归宿，任何国家和民族概莫能外。

历史往往由胜利者书写。放在更广阔的时间长河中观察，这样的胜利或许短期内推动了文明的进程，提升了人类整体福祉。但有朝一日，他们的后代一定会认识到这些辉煌和荣耀背后，也写满了被征服者的苦难和屈辱——弱者的呻吟呼号却往往被撰写历史的人习惯性忽略了，最终会成为其后代永远不会磨灭的集体记忆，激励他们日后在一个更加文明、公正的时代去捍卫自己先辈曾被剥夺的天赋人权。一次又一次，如无法最终掐灭的火种，如漫天闪耀的星辰，为胜利者书写的历史进行重要的校正和补充。毕竟，在人类征服世界的短暂而漫长的征程中，除了强弱，还有是非、真假和善恶。

沧桑巨变后，曾经的国王和权贵的后代在现实世界中，有多少义务去偿还祖先欠下的累累血债，这本身就是一个令人纠结、莫衷一是的难题。

今天，马丁·路德·金渴望种族平等和解的梦想依然闪耀着普世光芒。简单宣泄怒火，甚至撒播仇恨不仅无助于问题的解决，还会危及无辜，让整个社会因为法治沦丧、秩序失范而付出惨痛代价。现代社会追求实体正义，也追求程序正义——以正当的方式和途径来实现正义。不管这个社会残存着多少历史沿袭下来的暴虐无道，也需要在一个法治民主的秩序中小心翼翼地处置。

电影《乱世佳人》和《为奴十二年》都获得了奥斯卡奖，从1939年白人奴役黑人的安之若素与2013年对黑人抗争的真诚致敬，不正是人类文明进步的真实写照吗？与其推倒雕像，下架电影，不如留着这些宝贵的集体记忆，不断带给我们灵魂层面的警策、反省、忏悔和觉悟，让更多人以人类共同善的名义去开创未来。

爱因斯坦曾说过，历史的很大一部分都充满为那些人权作斗争的情节。这是一场永无止境的斗争，永远不会取得最终的胜利。但是，厌倦那种斗争将意味着社会的毁灭。

这位天才的科学家和思想巨擘最震撼人心的一句话是：“我从未试图在任何场合取悦别人。”

美国式无知与比尔·盖茨

事实上最富裕的人们以及大企业从来不为民众着想。大多数美国人生活艰难，对未来失去信心时，富人却更富裕了，大部分新增财富都流入了金字塔尖 1%的富人之手。

——伯尼·桑德斯

失　控

从 2020 年 2 月 26 日美国公开披露首例新冠肺炎患者死亡病例以来——加州圣克拉拉县验尸官的一份报告，显示当地一名 57 岁的女子于 2 月 6 日因新冠肺炎引发严重心脏病而离世——这发生在美国宣布与中国断航四天以后。

4 月 28 日，美国新冠肺炎患者数量突破 100 万。

6 月 10 日，美国新冠肺炎患者数量突破 200 万。

7 月 8 日，美国新冠肺炎患者数量突破 300 万。

9 天以后的 7 月 17 日，这个数字被改写为 362 万，单日新增感染者突破纪录为 7 万人。按照这个趋势，等不到 8 月来临，这个数字将变成400万。果然，截至美国东部时间2020年7月31日17时35分，美国新冠肺炎感染病例超过454万例。

这期间特朗普围绕抗击疫情做出的重大妥协就是决定戴口罩，充分证明了虽说生活是妥协的艺术，但不仅仅是百姓妥协的艺术。特朗普在疫情暴发初期就曾自信地宣布，到了4月，随着天气变热，病毒就会消失。

这位“全能”的总统作出了很多神奇的论断，甚至推荐过注射消毒液来消灭新冠病毒。更加神奇的是，随着这些严重缺乏科学常识的论断被现实无情地打脸，他没有流露出丝毫歉意，依旧在白宫新闻发布会上习惯性地信口开河，但这并不妨碍他在6月份大选民意测验中拥有40%以上的支持率——不过明显落后于民主党候选人拜登。

白宫新任金发碧眼的美女新闻发言人凯莱·麦肯阿尼（Kayleigh McEnany）继承了特朗普口无遮拦的风格，公开宣称“科学不应该成为重开学校的阻碍”。

不过，特朗普不顾严重的疫情，要求学校在秋季重开校园，这不仅遭到学生家长的普遍抵制，不少需要返校的老师由于担心染病，也纷纷写下遗书并为子女买了巨额保险。

还有一个对特朗普明显不利的抗疫信息是，虽然世界卫生组织再度向中国派出了专家组，但美国的医疗专家越来越相信本国疫情的源头是欧洲。据美国疾病控制和预防中心对病例的最新分析，美国所传播的病毒最符合在欧洲传播的病毒株，而不是中国。

随着大选投票日的迫近，7 月中旬的民调表明 60% 的美国人不赞成特朗普处理新冠大流行的方式。如果想赢得连任，这位商人总统的团队必须找到新的甩锅对象。

于是，白宫把矛头对准安东尼·福奇——批评他就新冠肺炎严重性及是否应该遮掩脸部提供了不一致的意见。

生于 1940 年的福奇比特朗普年长六岁，自 1984 年起一直担任美国国家过敏和传染病研究所所长，至今已经服务了六届美国总统。

2020 年 1 月 29 日白宫成立应对新冠肺炎病毒特别小组，安东尼·福奇是小组成员之一。由于他经常公开发布与总统意见相左的言论，被媒体追捧并拥有众多民众支持。

面对来自白宫的甩锅，温文尔雅的福奇博士忍无可忍，反驳有关说法是“胡言乱语”，并表示“这毫无用处，除了显得他们拙劣”。

不过，对于更多特朗普拥趸而言，他们更愿意把矛头对准前世界首富、现世界首善比尔·盖茨。

在新冠肺炎疫情席卷美国的全过程中，一场美国脑残人士围攻比尔·盖茨的有关蒙昧与科学、穷人与新富、美国与全球论调的战争始终硝烟弥漫，耐人寻味。

阴　谋

早在 1999 年，比尔 · 盖茨在一次采访中对未来做了一个预测：在 2020 年的时候人类可能会遭到肺部疾病的侵袭，就是这个神预测让比尔 · 盖茨最后深陷阴谋论难以辩解。

2010 年，比尔 · 盖茨在一次公开演讲时说应该借助疫苗来减少人口数量——他的本意是有了好的疫苗，小孩的存活率会高很多，落后的地区不会因为担心孩子夭折而多生小孩，这样人口就会变少。后来很多美国人认为，盖茨的意思是研究这种疫苗来控制人口。

2015 年，比尔 · 盖茨又添阴谋论新证据——在他做客一个 TED 演讲时，确定了一个充满预言色彩的标题：面对病毒暴发，全世界都没准备好。

比尔 · 盖茨说："如果有什么东西在未来几十年里，可以杀掉上千万人，那比较有可能是个高度传染的病毒，不是战争，不是导弹，而是微生物。"

他还预言道："如果我们找不到一群准备好了的流行病学家，能去疫区看看病理和病情发展，病例都是由纸上报道传来的，信息传上线时已经很晚了，并且还很不准确。我们也找不到训练有素的医护小组。我们没有一套让人们严阵以待的方法。"

比尔 · 盖茨发表上述言论的依据，更多的是基于热衷于资助医疗科研的他对埃博拉病毒的认知和各国防范水平的忧虑。

2019 年 10 月 18 日，美国约翰斯·霍普金斯大学健康安全中心（Johns Hopkins Center for Health Security）连同世界经济论坛（World Economic Forum）和比尔及梅琳达·盖茨基金会（Bill & Melinda Gates Foundation），在纽约市举行多媒体全球流行病应对演习事件 201（Event 201）。

顺便说一句，约翰斯·霍普金斯大学的医学专业享誉全球，这次疫情的权威数据便由该校实行实时统计和发布。

正常情况下，这一切本应成为比尔·盖茨天才预见能力的佐证。

“股神”巴菲特曾在自传中这样评价比尔·盖茨：他的智慧和对商业的洞见绝对可以用石破天惊来形容。“1991 年 7 月的那个午后，我意识到自己遇见了一位罕见的天才，而且这种感觉一直持续到现在。”

然而，在社会日益撕裂的美国，这种富豪之间的惺惺相惜最终演变成加深普通民众对成功群体偏见的催化剂，阶层固化、利益分化又加剧了“信息蚕茧效应”——“人们只愿意相信他们愿意相信的”。

最重要的是，比尔·盖茨在 2015 年 TED 演讲上留下了预测病毒暴发的“罪证”。后来，美国脑残人士将比尔·盖茨的“阴谋”命名为“人类清除计划”。

围　剿

有了“人民公敌”比尔·盖茨这样先入为主的标签，所谓证据便显得俯拾即是。

首先，比尔·盖茨对“人类清除计划”蓄谋已久。其父是计划生育组织的负责人——阴谋论者找到了该计划的思想源头。

随着美国疫情的失控，比尔·盖茨此前所有的言论被一些美国公众在网络上广泛传播，并逐步形成他们认为的犯罪链条，然后付诸行动。

4月5日，在美国得克萨斯州，支持特朗普、反对居家令的抗议者高喊要逮捕比尔·盖茨。

4月25日，美国得克萨斯州民众再次举行示威活动，反对当地的隔离举措和居家令。其间，示威者再次高喊“逮捕比尔·盖茨”，并举起相关标语。原因是盖茨正在资助研发疫苗，试图控制接种疫苗的人。

美国大众还去白宫的网站上发起了请愿书，要求彻查比尔·盖茨，截至2020年4月29日18时，请愿人数达到了44万多人次。

在美国新冠肺炎疫情暴发的三个月里，据《纽约时报》的数据显示，与比尔·盖茨相关的新冠阴谋论在社交媒体和电视上广泛流传，两个月内被提及了120万次。

6 月 13 日，盖茨阴谋论终于达到了顶峰。在阴谋论者的号召下，追随者纷纷使用“Expose Bill Gates（揭露比尔 · 盖茨）”这一标签发推特，将这个标签推上了当天美国推特热搜榜的首位，共计 10 万多条。

围剿比尔 · 盖茨的运动甚至冲出美国，走向世界。继美国弗吉尼亚州示威者高呼“逮捕比尔 · 盖茨”以后，一名意大利国会议员呼吁应该将比尔 · 盖茨交给国际刑事法庭审理，罪行是反人类罪。

5 月 10 日，逾百名示威者聚集在澳大利亚墨尔本中央商务区，抗议政府在疫情期间的封锁令，称要“为自由和权利而战”，还有示威者高喊“逮捕比尔 · 盖茨”，并反对 5G 通信建设。

7 月 1 日，比尔 · 盖茨在一次会议上发言时表示：“疫情期间阴谋论大行其道，我甚至成为其中的主角，这让人感到恐怖。”

他还指出，数字化工具对一些疯狂的观点的传播起到了推波助澜的作用。

面对疫情，比尔 · 盖茨和福奇都秉承科学和专业主义至上的态度，这挑战了特朗普政府的政治正确立场。

2020 年 3 月 14 日，比尔 · 盖茨从微软公司董事会辞职，宣布未来将专注于全球健康、教育和气候变化相关的慈善工作。全球视野恰恰是抗击新冠肺炎的关键前提——再强调一遍，现在没有疫苗、没有特效药、不知道源头的 COVID-19 仍是全人类可怕的共同敌人，它宛如人类历史上最可怕的纳米级攻击，试图将所有人隔离开来各个击破，当务之急唯有团结一心。

从一开始，主张全球团结对抗新冠肺炎的比尔·盖茨就和一意孤行的特朗普政府格格不入。

2020 年 1 月底，盖茨基金会曾捐赠 500 万美元，协助中国抗击疫情。2 月 5 日，比尔及梅琳达·盖茨基金会宣布出资 1 亿美元，用于抗击新型冠状病毒导致的全球健康危机。其中约 2000 万美元，直接投入世卫组织等联合国多边机构。

而后特朗普宣布停止缴纳世卫组织会费，盖茨基金会宣布追加捐赠 1.5 亿美元，帮助世卫组织应对疫情。与此同时，比尔·盖茨还特别致力于疫苗的研发，并承诺捐助最高达 1 亿美元的赠款，其中一部分直接用于帮助中国加速在药物、疫苗及诊断方法研发等方面的工作。

比尔· 盖茨对华抗疫态度始终相对客观，尤其是美国政府甩锅给中国以后，并直言："亚洲（国家）的检测能力和对（病毒）接触者的追踪能力远高于美国。"美国疫情暴发后，比尔·盖茨提倡居家隔离论，这和急于恢复经济的特朗普政府及背后的支持者形成情感对立。6 月 25 日，比尔·盖茨在采访时对特朗普政府抗疫不力提出批评："正是由于美国缺乏领导力，全球的情况才会更加糟糕。"

特朗普的粉丝们自然不会放过他。在比尔· 盖茨捐款上亿美元支持疫苗研发后，这些阴谋论拥护者质疑："一个想让世界人口减少的人，现在又想用疫苗拯救生命了？"他们觉得，比尔·盖茨要用疫苗杀掉 15%的世界人口，尤其是美国人口。

无　知

20世纪伟大的政治新闻记者、竞争性真相的使用专家沃尔特·李普曼（Walter Lippmann）写道："我们的看法涉及的空间、时间和事物超出了我们的直接观察范围。因此，我们不得不根据其他人的说法和我们的想象将它们拼接在一起。"

一个合格的记录和观察者需要恪守两个底线：一个叫常识，一个叫良知。在现代社会，面对一些类似疫情的这种专业性话题，如果不敬畏常识，良知无法继续，一些所谓的伟大正确只是空洞的口号——带领公众以天堂的名义驶入地狱。当法律和良知冲突时，良知是最高的行为准则，法律却不是。

最典型的一个例子就是一些美国人认为强制戴口罩是违宪行为，背离他们心中"不自由，毋宁死"的信念。

他们有时会拿生命交一笔最昂贵的学费——得州一名30岁男子认为新冠肺炎疫情是"一场骗局"，故意参加了一个有新冠肺炎患者参加的派对，想测测新冠病毒是真是假。结果，他不仅感染上新冠病毒，还最终不治身亡。临终前他对护士说："我错了，我以为这是骗局，但其实不是。"

更令人发指的是，据报道，美国甚至还出现了"新冠派对"升级版——"新冠博彩"，一群人参加一场"新冠派对"，赌钱看谁能第一个感染上新冠病毒。

必须提醒的是，COVID-19 是一种致命传染病，按现在的技术能力很难百分百确认谁是病毒携带者，您在公共场合不戴口罩可能危及他人性命——也就是说，您自己不想活了，也不能肆意剥夺别人活下去的权利。

对此，比尔·盖茨深感困惑："很难理解一些人抵制佩戴口罩，因为佩戴口罩并不麻烦，也不贵。"

这不是坚持自由的价值观，这是反智。况且，这不是老生常谈地重申美国已有价值观的时候，而是让大众真正理解这些价值观到底是什么。

2006 年一份针对美国青年人的调查发现，63%的人在中东地图上找不到伊拉克，75%的人找不到伊朗，88%的人找不到阿富汗——而当时美国正在以高昂的代价对该地区进行军事参与。只有 1/6 的美国人，其中不到 1/4 的大学毕业生能在地图上指出乌克兰的位置。乌克兰是欧洲第二领土大国，但是受访者的平均认知却偏离了乌克兰 2880 公里左右。

著名科幻作家艾萨克·阿西莫夫（Isaac Asimov）说："美国沉湎于对无知的狂热崇拜中，且由来已久。反智主义的压力就像坚韧的针线一般，缠绕在我们的政治与文化生活中，支撑它的是一种错误的观念，即民主便意味着'我的无知与你的博学一样优秀'。"

托马斯·尼科尔斯（Thomas M. Nichols）在《专家之死：反智主义的盛行及其影响》（*The Death of Expertise: The Campaign against Established Knowledge and Why It Matters*）一书中写道："美

国人已经到了一种境界：把无知当美德，尤其是对公共政策领域的无知。拒绝接受专家的意见，就是在维护个人的自主权，美国人用这种方式来保护日渐脆弱的自尊心，隔绝外界的纷扰。再也没有人能告诉他们：你错了。这是新的‘独立宣言’：我们不再认为一些真理是不言而喻的，我们认为所有真理都是不言而喻的，甚至包括那些错误的理论。一切都是可认知的，关于一个主题的所有观点都是不分伯仲的。”

如果无知与政治正确牵手，常常会演化成“不反智，毋宁死”。当然在人类漫长的历史中，类似的反智的人应该会绵延不绝、层出不穷，可惜他们的前辈没有机会遇到伟大的智能互联时代，否则也会每天制造出令人绝望的喧嚣与骚动。

作为一个因为疫情滞留在美国的中国人，我觉得最反智的是一些疫情期间以主人自居、冲亚裔龇牙咧嘴叫骂让其滚出美国的白人——他们在上学期间真的没有好好学习历史——以至于忘记他们的祖先是怎么从印第安人手里夺得美洲大陆的。

王尔德说：“万恶莫大于肤浅，凡事省悟即得善果。”

希　望

在美国许多科幻题材的好莱坞大片中，科技界的亿万富豪经常是邪恶的化身，试图通过掌握病毒或强大的人工智能控制人类而毁灭世界——科技和人文的脱节甚至对立是当下各国推动科技创新时遇到的通病，经过文艺作品的渲染，往往会诱发本来就缺乏基本科学常识的大众的恐慌乃至敌意。

遗憾的是，现实也非王道乐土，倒像充满着被剥夺、被损害的全球化焦土——至少对于相当多支持特朗普的中下层白人而言。在“冷战”过后长达至少 25 年的自由贸易和全球化浪潮中，他们痛感利益受损，心中充满失落和伤痕，最终燃起熊熊怒火，并基于共同的怨恨牢牢地凝聚起来。对外，他们痛恨以中国为首的新兴国家夺去了他们的饭碗和机会；对内，他们痛恨以硅谷为代表的 1%的科技创富群体掐灭了他们的梦想和希望。

洞悉并擅长操纵大众心理的特朗普顺应并利用了这一民粹主义浪潮，高呼着“美国至上”的口号顺利地登上总统宝座，并始终与这个群体神奇地同呼吸、共命运——一个出身地产商的亿万富豪最终带领着亿万白人劳苦大众去怒讨公道。

著名经济学家约瑟夫·斯蒂格利茨（Joseph E. Stiglitz）在《全球化逆潮》（*Globalization and It's Discontents*）中说：“在过去的 1/4 个世纪中，有一些人表现出色：他们是全球化的最大受益者，占全球人口的 1%，即千万富豪和亿万富翁，还有印度和中国的新中产阶级。”

他这样描绘特朗普忠实的粉丝们：一些美国人，特别是那些没有做好的美国人，对“二战”后的美国统治时期持有怀旧情绪，当时他们的制造业工作似乎很安全，工资很高，而且他们可以达到中产阶级的生活方式，这超越了他们、他们的父母或祖父母在移民到美国时梦寐以求的任何事情。现在，许多家庭甚至在父母都工作的情况下也难以维持生计。那时，单一的经济来源便可以舒适地养家糊口。特朗普回忆说，正是这个漫长的时期再也没有回来，他承诺将它以及伴随着它的信心和社会结构带回来。

不过，斯蒂格利茨警告说那不会发生，时间之箭不能掉头。

不管多么艰难，人类终将战胜疫情。而且种种迹象表明，特朗普力推的新保守主义也前景黯淡。

未来，随着旧的全球化的终结，我们将遇到什么样的世界？

无论哪个国家，阴谋论的盛行最终折射的都是人性之恶。

盖茨说他人生最大的财富是家庭，是他的妻子和三个孩子，其次才是事业。盖茨在他的《教育手册》里写道："真正的'贵族'，不是生活，而是教育，儿时父亲的陪伴和鼓励，虽然看起来那么微不足道，其实意义深远。"

很喜欢这个世界前首富的返璞归真——在一个充满动荡和变化的时代，这个感悟或许不能帮助你成为首富，但有助于你帮助自己的孩子将来不变成反智的脑残。

集体变傻的原因

马克思和熊彼特没有过时，他们的预言依旧像乌云一样徘徊在资本主义的上空，随时准备化作“席卷旧世界”的倾盆大雨。

——刘瑜

反智主义

1816年，托马斯·杰斐逊（Thomas Jefferson）说，文明国家中，无知和自由兼具者，过去没有，将来也不可能有。法国学者托克维尔（Tocqueville）在《论美国的民主》一书中指出，出于对当时法国等级社会的愤恨，把包裹着反智主义的大众自由表达当成美国民主的重要基础。

他们错了。

1962年，美国历史学家理查德·霍夫斯塔特（Richard Hofstadter）首次提出反智主义（anti-intellectualism），并出版《美国生活中的反智主义》（*Anti-intellectualism of American Life*）——这是麦卡锡时代的产物，“二战”后反智主义和反共主义的结合。

他认为，反智主义并未构成美国民族心态的主流，它还只是一股暗流，时常会被利用。正如霍夫斯塔特所说，反智主义作为一种态度，不是单一的情感取向，而是正反情感并存，他们对理智和知识分子的绝对排斥是罕见的。这本书后来获得了普利策奖。

政客一般都不喜欢批评政府的知识分子，而主流媒体喜欢。比如1954年，在共和党募捐活动中，时任总统艾森豪威尔（Eisenhower）就把知识分子描绘成“信口开河的人”。

2001年美国发生“9·11”恐怖袭击，为美国民粹主义打下全球化以来的第一块基石。一个叫苏珊·雅各比（Susan Jacoby）的学者——自认为是一个文化保护主义者，继续反智主义的研究，并写成《反智时代：谎言中的美国文化》（*The Age of American Unreason in a Culture of Lies*）一书。她认为，乔治·沃克·布什（George Walker Bush）的8年总统任期是现代政治生活中反智主义和反理性主义的巅峰。

她也错了。毕竟特朗普还没有登上历史舞台。

2008年，民主党候选人奥巴马和希拉里的对决，在她看来，无论谁胜出，相对于布什都是进步。

随着全球化带给底层美国白人民众的困扰与伤害长期积聚并爆发，加上以华尔街为代表的资本巨头与以硅谷为代表的科技新贵加速联姻，美国贫富差距加大，社会撕裂加剧，尤其是传统工业时代的遗产——中西部“铁锈地带”的中下层白人开始发出愤怒的吼声，他们的反抗具有强烈的民粹主义色彩，从理念到行为与美国最初的启蒙理性背道而驰，普遍的反理性主义和反智主义成为同义词。

在今天的美国，唯一可以与强权抗衡的力量是民众的力量，也就是选民的投票，但随着美国贫富差距越来越大，民众往往被误导和蛊惑，其制衡权力也越来越难以有效实行。

于是，苏珊·雅各比随后神奇地预言了特朗普的当选。

特朗普在内华达州共和党初选中赢得高中及以下教育水平的人高达57%的选票。他公开宣称：我热爱教育程度低的人。

美国主流媒体和社会精英至今无法接受特朗普的胜利。他们猛烈抨击他，而忽视了那些喜爱、支持并为他疯狂投票的人，也很少有学者深入分析反理性、反智主义成为美国大众主流文化的深层诱因。

良知和常识是现代社会两大基石。中国和美国的价值观存在巨大的差异。我们不像美国人那样，中国人价值观的重点是个人对社会及其集体的责任和义务。中国人重视富有道德教化色彩的良知，而西方则重视理性契约构筑的常识。但没有常识支撑的良知会沦为道德绑架，而没有良知护佑的常识一定滑向弱肉强食的社会达尔文主义。

反智主义的标志性工具是推特，140个字其实只能够张贴一张网络标语。特朗普喜欢且擅长。特朗普对深入思考没有兴趣，他对顾问们说："要么给我一枪，要么越短越好。"奥巴马睡前一小时都在看书，而特朗普每天早上上班都提前到，趁着顾问们没来，在洗手间认真思考怎么发一条犀利的推文。

2017年8月21日，特朗普拒绝在看日食时戴眼镜——理由是真正的男人不需要在太阳面前遮掩他的视网膜。美国国家自然科学基金会（National Science Foundation，United States）在过去20年的调查中发现，九成美国人不相信DNA是关键遗传物质，两成的美国人相信太阳围绕着地球转。

乔治·奥威尔（George Orwell）说："英语因为我们愚蠢的思想而变得丑陋和不准确，而语言上的不修边幅又让我们更容易产生愚蠢的想法。"

《专家之死》

专家是这样一群人：他们对某一学科所掌握的知识远超过我们普通人，当我们在人类知识的某一领域需要寻求建议、教育或解决方案的时候，我们会把目光投向他们。他们在某一领域的观点更权威、更准确。

专家的培养路径是正规的培训和教育。自我监督是专业主义概念的核心。天资和经验是专家的两大法宝。

知道不等于理解，理解不等于分析。专业知识不是消遣的游戏。

专家会出错——有时很严重，但总体上概率要低得多。

普通人厌恶专家最初是因为教育的先天不足带来的技能不足和能力欠缺。

但随着社会进步、经济发展，尤其是随着传统教育的平民化和互联网时代的来临，知识的垄断被打破，获得知识的门槛迅速降低，专家的倒塌进入倒计时。

托马斯·尼科尔斯的书中文译本全称是《专家之死：反智主义的盛行及其影响》。他的背景非常引人注目——与政府关系密切，且长期从事美国社会前沿宏观公共问题研究，著述甚丰。

学术著作，我更喜欢托克维尔式的独到犀利和黄仁宇式的文采斐然。《专家之死》更像一本传统意义上的学术著作，阅读快感不足，独特见地稍稍欠缺，但相较于理查德·霍夫斯塔特和苏珊·雅各比，这本书对当下美国反智主义兴起的思考更为聚焦，更贴近美国社会当下实际，并围绕信息化时代进行了更为深入的论述，尤其是互联网对大众反智主义的助推，颇具独特见地，对当下中国的镜鉴作用明显。

他描绘了一个反智时代的新独立宣言：我们认为所有真理都是不言而喻的，甚至包括那些错误的理论。一切都是可认知的，关于一个主题的所有观点都是不分伯仲的。——无知已经没有底线，错得理直气壮。正如艾萨克·阿西莫夫所说，我的无知与你的博学一样优秀。

目前，反智主义在美国正在创造新的历史。

它是怎么做到的？

教育平权

在近现代历史的大部分时间里，大众对现有知识体系从漠不关心到充满敌意。因为专业知识的垄断、公共教育资源的不足、传播效率的低下，他们长期处于局外人状态。

在“二战”以后，随着美国全球经济霸主地位的确立和公共教育的快速发展，大学教育摆脱精英化并在大众中迅速普及，专家对知识的掌握和垄断被打破，他们过去的神圣和崇高地位被逐步颠覆，史称教育平权运动。

但教育与商业的联姻才是对专业主义更致命的冲击，史称教育工业崛起，其利弊至今仍是美国学界热议的话题。

在正常情况下，藤校没有资金问题，尚且能恪守精英主义教育，而一般的大学进入工业化模式，在与商业的联姻中，为了创收，学生成了顾客，成了上帝，老师则变成了满足顾客的 waiter（侍者）。学生不认真学习专业知识，老师也能让其毕业。娱乐、恋爱成为大学生的重要任务。学校的专业主义时代过去——未来要想送孩子留学请送藤校和名校。

对于中国留学生而言，花父母那么多钱，“克莱登大学”（指没有经过教育部认证的学校）不去也罢。到哪里玩耍都是玩耍，还不如直接在国内念双一流名校呢。

而后就是直升机父母的出现，对孩子百般宠溺。Y 一代（生于 1983 年至 1995 年，千禧一代）出现后，直接变成“近距离空中支援战斗机父母”，以孩子为中心导致孩子被宠坏。

最后，Z 世代（生于 1995 年至 2009 年）开始登场，产生了真正自我的一代，以 Me 的名义完成对以 We 为关键词的彻底摧毁。这是公众最彻底的胜利。

围绕“后浪”们，备感失落的前辈们说了太多有些夸张甚至脱离实际的溢美之词。这些孩子是被互联网、即时通信、MP4、智能手机和平板电脑控制的一代。他们在全球有 26 亿人，是消费主力军，学习能力、创新能力强，敢想敢干，但也沉湎于网络，厌恶深度思考并拒绝承担公共责任，中国的 Z 世代则陷入娱乐至死、过度追求物质的困境——当然阶层固化、贫富分化和大城市过高的房价也是客观原因。

但是，这些并不是当代专家之死的最主要原因。

信息社会

亚伯拉罕·林肯（Abraham Lincoln）说：不要在互联网上看到什么都相信，尤其是名人名言。

这是一个网上的段子。

我们现在随身携带的智能手机或平板电脑里储存的信息比整个亚历山大图书馆的馆藏还要多。这带给大众无穷的自信，互联网把每个人变成了即时专家。

你有学位？我有谷歌！

网络对普通人完成赋能赋权，他们终于可以释放情绪的汪洋——理性和专业的敌人就是情绪，所谓乌合之众，羊群效应，茧房效应，“帮助公众用愤怒和怨恨筑起一道护城河，所有的推论和知识很快都淹死在里面”（出自《专家之死：反智主义的盛行及其影响》）。

维基百科更像一个信息黄页，一般的娱乐知识、经济知识和社会知识都能索引，丰富生动，但信息和事实不是知识和能力。越专业的知识越可能被不着边际的奇谈怪论淹没。

有些网站还给顾客做诊断，奥斯卡影后格温妮丝·帕特洛（Gwyneth Paltrow）一直在网上兜售女性生殖保健用品，在遭到妇科医生的公开质疑以后无动于衷，她的粉丝都相信影后，而很少有人听到医生的声音。

珀梅尔定律（Pommer's Law）指的是如果一个人的想法会被她/他在互联网上浏览的信息所改变，那这种改变本质上都是从没有观点到持有一个错误观点。

互联网给了全球专业人士和无知大众在同一个平台相聚的机会，而且后者联合起来发现自己的数量占有压倒性优势，过去这叫无产者联合起来，现在叫无知者联合起来。他们在人类历史上第一次在认知层面取得了对专家的全面胜利。

达克效应（D-K effect），以康奈尔大学两位心理学家戴维·邓宁（David Dunning）和贾斯汀·克鲁格（Jusitin Kruger）命名，证实一个现象：越愚蠢的人，越是高估自己，不觉得自己无知。

浅薄成了博学，搞笑替代幽默，无知击败专业。

杠精源于无知和狭隘，他们却难以自知。

有些美国人现在把抵制专家意见当成文化多层次甚至是捍卫民主自由的徽章。他们有一个共同点：虽然身为普通人，心里却认为自己才是真正的知识宝库。他们相信自己比专家更深刻，比教授更渊博，比轻信的大众更有见地。相对于专家，他们还有一个无与伦比的优势：他们是普通人，即使犯了错误，大家的包容度很高。而专家出现任何错误就会被网络无限放大，越有名望就“死”得越惨。

未来世界

民粹主义（populism）思潮源于19世纪的俄国，简单地说就是平民至上，弱势群体至上。

民粹主义最亲密的伴侣是阴谋论。而阴谋论源于“一个社会集体承受了无法估量的创伤”（出自《专家之死：反智主义的盛行及其影响》）。

美国在不同的历史时期有着不同的社会集体创伤。20世纪20年代末到30年代初的大萧条时期，阴谋论主要围绕战争创伤和高速工业化对人性的挤压。卓别林的电影用温暖幽默的方式抚慰了美国底层民众的忧伤。

“冷战”结束以后，随着贫富差距拉大，全球化带来的产业发展对中下层白人利益的挤压，还有信息化社会对大众表达意见、释放情绪给予了史无前例的赋能赋权。

“9·11”事件以后，对全球化、普世主义产生严重动摇的美国社会一直在吹响民粹主义集结号，奥巴马的“彩虹联盟”只是回光返照。

在美国的舆论场上，广泛流行着奥巴马总统在非洲出生，是一个隐藏的穆斯林，布什总统是炮制“9·11”恐怖袭击的一分子，英国女王是个毒贩子等神奇的传闻谣言。

2016年被《时代周刊》称为“美利坚分裂国总统”的亿万富豪特朗普意外胜选。这是美国中下层白人的选择，这是互联网的选择，这是民粹主义的选择。这是建制派的失败，是专家之死，是精英谢幕。

特朗普的粉丝们或许无知，但绝对忠诚。在他们看来，这些长久以来讲真话的社会机构十分危险，因为这些社会机构得出的结论和特朗普所奉行的偏见针锋相对。他们不信科学、蔑视专家，甚至视死如归地不戴口罩。特朗普宁可攻击那些努力揭露事实的人，也不愿意改变自己荒谬的观点。他甚至告诉《华尔街日报》媒体，有些人戴口罩只是为了证明他们不喜欢他。

在新冠肺炎疫情中，发病率最高的县10个中有9个是2016年投票支持特朗普的。而据主流媒体统计，特朗普当了三年多总统，公开撒谎2万多次，且对批评毫不在乎，从未道歉，但始终维持着选民四成以上的支持率。

全球化的社会创伤被特朗普故意放大到伤害美国根本利益和

价值观的程度——中国成为最重要的对外话题，包括疫情甩锅给中国这件事从未停止。

民主党候选人拜登说，当下美国四个历史性危机包括100多年以来最严重的大流行病，自大萧条以来最严重的经济危机，60年以来最迫切的种族主义呼吁以及不可否认、日益加剧的气候变化威胁。但在这个年代至上的时代，拜登比特朗普还要苍老的岁数，理性专业的做派、传统建制派政客的标签在身上，有多少浮躁的美国网友能听进去他的警告呢？

如果仅仅是专家之死，事态倒没那么严重。背后是“反智主义+民粹主义+网络盲众+美国至上+Z世代+任性领袖”这一系列的化学反应，一定会加速美国的巨变并影响世界。我们并没有做好准备。

美国当下的大选是两个美国的较量，而撕裂的美国必然推动传统世界的解体。疫情逼迫历史站在一个哈姆雷特般的十字路口——“二战”后尤其是“冷战”后形成的短暂和平与繁荣一去不返。变化、动荡甚至冲突，不论特朗普是否连任，都会继续发展。

专家之死背后是传统的理性之死，科学之死，秩序之死。

后疫情时代的世界，专业主义与公众为了共同的命运能顺利完成牵手吗？

希望“后浪”们能以自己的方式继续走自由发展之路，肩负责任，将自我的孤岛连成大陆。暴民街头政治和精英技术官僚统治带来的都是专制主义的结果。

活在平淡历史中的人民是幸福的。“二战”后，人类至少拥有了长达 70 年的和平，目前的多数老人都有一份相对温暖的回忆。

未来一定是一个充满巨变、波澜壮阔的世界。

我们的生活轨迹正在被疫情彻底改变。而中国的全面崛起是其中最重要的变量。无论是逆全球化、贸易保护主义，还是单边主义，美国要为超级全球化重新建章立制，并从规则、科技、经济上按住中国复兴的步伐。因此，这次逆全球化表现在英国脱欧和美国优先，要推动公平贸易和对等开放，背景是西方治理衰败和非西方尤其是中国的崛起。

新全球化、新生态观、新科技革命、新的生活哲学已在悄悄孕育。如果想拥有更好的世界，理性主义、科学精神、人文关怀的回归是生存的根本。

还是用《专家之死》中的一句话收官吧：有意自己当家作主的人民，就必须用知识赋予的力量来武装自己。

Better tomorrow（明天会更好）。